しゃべらない仕事術

石田健一
Kenichi Ishida

クロスメディア・パブリッシング

はじめに

みなさんもご存知のとおり、いま世の中ではどこにいってもコミュニケーション能力が求められます。

上司や同僚、取引先、友人、家族など、世代や置かれた立場の違う人たちとも良好な関係をつくっていけるかで、ビジネスやプライベートの充実感がまったく違ってきます。言い換えると、**私たちはコミュニケーションによって人生を大きく左右されているのです。**

そんなご時世に、「本当にしゃべらないで成果を出すことができるの？」と思う人もいるでしょう。

私もかつて、その一人でした。

内向的な性格なこともあり、人とのコミュニケーションが大の苦手でした。

打ち合わせや会議で思うように話ができず、何度も言い間違えたり、意図がまったく伝わらない時期が続きました。

宣伝担当になった商品も、プレゼンの下手さが原因で上司から1ヶ月で担当を外されるハメに……。ストレスから過食気味になり、一時期体重が15kgも増えてしまい、同僚から心配される始末。


失意のどん底を味わい、自分のような性格の人間は、「どうしたらうまくコミュニケーションが取れるようになるのだろうか？」「どうしたら良い人間関係が築けて、仕事で結果が出るのだろうか？」と悩みました。

長年の試行錯誤の末、あるとき重大なことに気がついたのです。それは、

「そんなにしゃべる必要があるのか？」


ここから私の人生が大きく変わり始めました。逆転の発想でした。

矛盾するようですが、いかにして「しゃべらないようにするか」を意識するこ

とでコミュニケーションが劇的に向上したのです。

日常で交わされる会話にも困ることが減り、人間関係が大きく改善されました。会議やプレゼンで企画や意見が通るようになり、徐々にそのスキルが磨かれていきました。

そして数々の広告賞を受賞したり、企画した宣伝プロモーションでテレビ番組をはじめ多くのメディアに取り上げていただくことができました。しゃべらないコミュニケーションで、たくさんの実績を積むことができたのです。

本書を手に取られた人は、「どちらかというとコミュニケーションが苦手」「しゃべるのってしんどい」と考えていると思います。本書では、できる限りしゃべらない仕事のやり方を徹底した私の経験をお伝えしたいと思います。

- しゃべるのが苦手で、雑談が15秒と続かない
- 会議やプレゼン、飲み会やパーティなど人の多い場所が苦手

・プレッシャーに弱く、自信がない

という人でも、「人間関係のつくり方」「プレゼン」「会議」「企画力」「会話術」「営業術」「ストレス対処法」「交渉術」「メール術」など、ビジネスにおいて必要なコミュニケーション能力をすべてカバーできるようにしています。

みなさんが元々持っている「気質」「価値観」など、本質的な部分を変える必要はありません。「行動」「考え方」を変えるだけです。

視点を変えるとあなたの短所は長所に、マイナスはプラスに変わります。

そして、相手に確実に届くコミュニケーションをすることで、人間関係や人生が好転し、結果につながるようになります。

コミュニケーション能力に長けた人が評価されることの多い社会の中で、自分もそうなりたいと努力したけど「なかなかうまくいかない」「どこか違う」と感じている人へ。

無理に自分を変えずに、すでに内に秘めている素晴らしい可能性を一緒に探っていきましょう。

そして、みなさんにとって本書が前に一歩踏み出す力となってくれたなら、心から嬉しく思います。

石田 健一

もくじ

しゃべらない仕事術

はじめに 2

序章

コミュニケーションを変える3つの法則とは

「しゃべる技術」があるように、「しゃべらない技術」もある 14
「しゃべくり名人」への憧れはバッサリ捨てる 16
しゃべらないことが武器に変わる3つの法則 18

第1章

シンプルの法則

絞り込むことで伝わる、届くコミュニケーションになる！

伝える内容を半分にするとインパクトが2倍になる 24
仕事の「肝」をつかむ3つの視点 28
9割は「30秒ルール」で判断できる 34
「社内ブルーオーシャン戦略」で小さな1番を目指す 38
伝えたいことは1つに絞り込む 42
しゃべるより早く確実に伝わる「書いて見せる技術」 46
口で語らず、目で語る 50
しゃべらないで印象を変える色の力 54
仕事の秘訣は「引き算的発想」にある 58
しゃべるストレスが半減するマンツーマン話法 62

第2章

ギャップの法則

意外性で人を動かす&成果につなげる!

「沈黙」は武器になる 68
「2つのメリハリ」で勝負する 72
できる限りしゃべらないで結果を出す営業術 76
順調な仕事ほど、最悪の結果を想定しておく 80
しゃべらず心をわし掴みにする「マンデー・モーニング・メール」 84
悪い話を伝えるときの「マイナス + ダブル・プラス法」 88
反論するときに効く「BIGYES + クエスチョン法」 92
好感度がグッとアップする「クッションワード」 96
聞くだけで、人間関係の80%はうまくいく 100
相手がどんどん話し出す聞き上手になるには? 104
しゃべらない仕事こそ評価を高めるチャンスになる 108
無言で100%信用される見た目力アップ術 112

しゃべらなくても仕事が円滑に進むメール活用術 116

第3章 観察の法則

俯瞰で見ることで仕事が円滑に進む！
良好な人間関係をつくる！

合わない上司でも困らないコツ 122
しゃべらない雑談力①「メンタルアドバンテージ法」 126
しゃべらない雑談力②「ワンヴォーグ法」 130
しゃべらない雑談力③「アウトビュー法」 134
会議はしゃべらないほどすぐ終わる 138
しゃべらなくても親しみを持たれる「3つのA」 142
意外性のあるほめポイントを攻める 146
どん底のときこそ一気に伸びるチャンス 150

第4章 折れない心をつくる8つの習慣

結果が出ないことを恐れない 156

「やめる習慣」で人生が変わる 160

自分で変えられることにフォーカスする 164

毎朝1分で平常心を取り戻す 168

みんな自分のことで精一杯 172

レジェンドに学ぶブレない力 176

一瞬で気持ちを切り替えるマイスイッチ 180

毎日の小さな変化が大きな成長につながる 184

あとがき 190

序章

コミュニケーションを変える3つの法則とは

「しゃべる技術」があるように、「しゃべらない技術」もある

世の中には、コミュニケーション能力を磨くための本がたくさん出版されていますが、その多くは「どうしたら上手にしゃべれるようになるか」という内容のものです。

しかし、「しゃべる」ことはコミュニケーションの方法の1つであって、それがすべてではありません。「コミュニケーション能力が高い＝しゃべるのが上手」と結びつけてしまいがちですが、決してそうではありません。

会話というのは、話し手と聞き手の両方がいて成り立ちます。みんなが話し手では会話は成立しません。逆の場合も同じです。話す人がいて、聞く人がいることで会話というのは成り立っています。

つまり、「話す」だけでなく、「聞く」こともコミュニケーションの大切な方法であるということがわかります。

しゃべるのが得意ではなくても何も心配することはありません。「聞く」ことを中心にしたり、もしくは文章で伝えたりと、**しゃべることに頼らなくても人と上手にコミュニケーションを取る方法はいくらでもあるのです。**

話し手と聞き手の両方で会話は成り立っている

「しゃべくり名人」への憧れはバッサリ捨てる

世の中にはびこる「コミュニケーション能力が高い＝しゃべるのが上手な人」という既成概念によって、誰とでも気軽に雑談ができ、すぐに打ち解けて仲良くなれて、ときには芸人さんのように面白いことを言って笑いが取れたほうがいいんだろうなと思ってしまいます。そうなりたいと考えてしまう気持ちもよくわかります。

ですが、思い切って「しゃべれるようになりたい」という憧れはバッサリと捨ててしまいましょう。

人にはそれぞれ、その人に適したコミュニケーションの取り方があります。

冒頭で私が内向的な性格であると述べましたが、**日本ではコミュニケーション**

能力至上主義の世の風潮に合わせて、外向型のフリをしている〝隠れ内向型〟を含めれば、7〜8割の人は内向型に当てはまると想定されます。内向型とは真逆の外向型が多いとされるアメリカでさえ5割の人が内向型と言われています。

極論すれば、特に日本人の多くはしゃべる技術よりも、しゃべらない技術を磨くべきなのです。そのほうが、自分を無理に変えることなく楽に生きていくことができます。

たしかに元々しゃべるのが苦手な人でも、トレーニングを重ねることによって誰とでも気軽に話すことができるようになるかもしれません。ですが、その姿は前述した隠れ内向型であり、本来の自分ではありません。**おしゃべり上手な、弁の立つ自分を演じていることで、エネルギーを大量に消費して疲れてしまいます。**

逆に先天的に人と話すのが好きな人は、誰かとしゃべることでむしろエネルギーを蓄え、元気になります。この違いは、生まれ持った気質や長い年月をかけて形成された性格によるところがあり、なかなか変えることは難しいのです。

しゃべらないことが武器に変わる3つの法則

しゃべるのが得意な人は、当然しゃべりが上手なことを武器にしてコミュニケーションを取ります。

では、しゃべるのが得意ではない人、しゃべらない技術を磨いたほうがいい人は、何を武器にすればいいのでしょうか。

しゃべらない技術を磨いたほうがいい人、つまり内向型の人の特徴と言われるもの、プラスとマイナスの両面をあわせてまとめてみました（左ページ図）。

多くの人を内向型という枠でひと括りにするのはなかなか難しいので、人によって当てはまること当てはまらないことがあるかもしれませんが、共感できる部

プラス面

- 洞察力がある
- 真面目である
- 一人が好き
- 持続力、継続力がある
- 対人関係に慎重に対処できる
- 集中力がある
- 人の話をよく聞く
- もの静かな印象で落ち着いている
- 周りをよく見ている
- 念入りに準備をする

など

マイナス面

- プレッシャーに弱い
- アピールが苦手
- リスクに対して慎重すぎる
- パーティや飲み会などの場が苦手
- 口ベタである
- 小さなミスをいつまでも引きずる
- 大人数の前だとあがってしまう
- エネルギーが枯渇しやすい
- 自分に自信が持てない
- 行動に移すのが遅い

など

プラス面とマイナス面は表裏一体なことも多く、プラスが、そのままマイナスとなっているものがある

分も多いのではないでしょうか。

これらのプラスとマイナスの特徴を持つ人が、本来持っている特徴を活かして、「できる限りしゃべらないで成果を出す」ための法則が次の3つです。

①シンプルの法則
②ギャップの法則
③観察の法則

①のシンプルの法則は、物事をシンプルにする。それだけでコミュニケーションが格段によくなり、伝えたかったことが伝わるようになるということを、事例を提示しながら説明します。

②のギャップの法則は、繊細でもの静かな人が、営業やプレゼンなど、さまざまな場面で意外性を発揮することで、人を動かし、成果につなげる方法をお伝え

します。

③の観察の法則は、仕事を円滑に進める、良好な人間関係を構築するために、落ち着いて観察する、注意深く見るという特徴を活かした方法を提案します。

3つの法則を通じて、無理してしゃべらなくても伝えたいことが相手にしっかりと伝わり、確実に届くコミュニケーションに変わります。そうすれば、これまで抱えてきた職場やプライベートでの人に関する悩みもいつのまにかスッと消えてなくなっていることでしょう。

自分に無理をさせるのではなく、本来持っている強みを認識しながら「行動」「考え方」「視点」を変え、秘めたる影響力を発揮するための扉を開きましょう。

Check!

コミュニケーションを変える3つの法則とは

☑ しゃべることに頼らなくても上手にコミュニケーションを取る方法はたくさんある

☑ 無理をしておしゃべり上手を演じていると、エネルギーを大量に消費し、疲れてしまう

☑「シンプル」「ギャップ」「観察」の3つの法則を使えば、しゃべらなくても確実に伝えることができる

第1章

シンプルの法則

絞り込むことで伝わる、届くコミュニケーションになる！

伝える内容を半分にするとインパクトが2倍になる

テレビＣＭや商品開発支援を担当する部署に在籍していたときのことです。ＣＭ制作や商品開発は、企画書やＣＭコンテをプレゼンして、会議で承認を得てはじめてスタートラインに立つことができます。会議で承認されなければ、それまでの努力は水の泡になります。

本番の何日も前からどうやって説明するか練習に練習を重ね、手元の資料は「ここでこれを話そう」と考えたことのメモでスペースが真っ黒に埋まるくらいに書き込んで、臨んでいました。

いよいよプレゼン本番の日。相手は決裁権のある専務や常務など役員が相手です。もちろん普段話をする機会はほとんどありません。実際の性格はともかくとして、普段からにこやかな役員はどの会社にもあまりいないものです。私は役員のしかめ面を見ただけで、何日も練習を重ねた内容がすべて頭から吹っ飛ぶくらいの緊張状態になってしまいました。

プレゼンの出来は言うまでもないでしょう。何度も何度も言い間違えたり、言葉を噛んだり、伝えたかったことが半分も伝わらず、結果は見事に撃沈でした。

CM企画のプレゼンがまったく通らず、社内外のスタッフに平謝りの日々。

あまりに企画が通らないことで、私は考えに考えました。

「いつもあんなに練習しても言葉に詰まるってことは、しゃべる量が多すぎるのかなぁ・・・!!」

体に電撃を受けたかのような衝撃が走りました。

「**しゃべりすぎないほうが伝わるのでは?**」

このことに気づいてからというもの、今までの結果がウソのように格段に企画が通るようになったのです。

私がプレゼン前の準備で具体的に自分に課したのは次の3点です。

①何を話さないか考える
②文字数を可能な限り少なくする
③最も伝えたい内容を冒頭に持ってくる

話をする要素を徹底的に絞り込み、情報をシンプルにすることを心掛けました。目安は伝える情報の50％をカット。勇気がいりますが思いっきって減らすことが大事です。たとえば、アナウンサーが1分間にニュースを読む文字数が400字と言われていますから、半分の200字が目安になります。

文字数を少なくするため、書いた原稿をもう一度見直してみると、同じ言葉が必要以上に繰り返し使われていたり、必ずムダが見つかりますから繰り返しチェックしてみましょう。

話す内容を半分に絞り込むと論点が明確になり、周りからもプレゼンの内容がよくわかるようになったと言われるようになりました。さらに、**話す内容が減る→プレゼンの時間が短くなる→緊張する時間が減る**という、人前で話すことが苦手な人にとってはうれしいおまけまでついてきます。

「話す内容を半分に絞り込むと、インパクトが2倍になる」

これは報告・相談などビジネスの場面に限らず、普段の会話のときにも使える技ですから、意識してみてください。

①何を話さないか考える
②文字数を可能な限り少なくする
③最も伝えたい内容を冒頭に持ってくる

内容を半分にしてインパクトが2倍!

仕事の「肝」をつかむ3つの視点

仕事を進めていく上で、アイデアに煮詰まったり、取引先に何度提案しても承認が下りないなど、大きな課題にぶつかるときが少なからずあると思います。そのようなときに、どう対処していますか。

何をやってもうまくいかない場合には、多くの人が自分でも気づかないうちに思考停止状態に陥ってしまっている可能性があります。この停止した思考をもう一度動かすことが必要になります。

私がある洗濯用洗剤の広告プロモーションを担当することになったときの話です。その洗濯用洗剤はロングセラーブランドにもかかわらず売り上げが伸び悩んでいたので、新しいテレビＣＭを制作して、売り上げ活性化を図ることになりました。

当時、洗濯用洗剤のCMでは他社も含めて女性タレントを起用するのが通例でした。洗剤を購入し、洗濯をするのはほとんどの場合、女性が担っているというのが主な理由です。

今回の企画を上司と一緒に考えるなかで、男性タレント（ミュージシャン）にテレビCMに出演とあわせてCMソングを歌ってもらうアイデアを思いつきました。提案を考えている男性タレントは、女性から好感度が抜群に高く、女性タレントを凌駕するインパクトがCMを見た人に届くだろうとの狙いからです。これは今までの洗濯用洗剤のCMを大きく変える視点でした。

男性タレント起用の承認を得るため、役員にプレゼンをしましたが、結果は・・・惨敗です。温厚な役員からも今まで見たことのないほどに厳しく叱責され、大幅な戦略変更を余儀なくされました。

次のプレゼンまで猶予は1週間。上司と毎日深夜まで戦略の練り直しがはじまりました。

最初のプレゼンの反省点として、男性タレントを起用するというインパクトあるアイデアに固執しすぎたため、議論がタレントの選定中心になってしまったことが挙げられます。

そこでプレゼンのテーマを、長年ユーザーに親しまれてきた洗濯用洗剤の資産である「CMソング」に絞り込んで再提案することに決めました。ブランドの資産を最大限活用するために、男性タレントは欠かせないというストーリーです。

再プレゼンの結果、男性タレント起用の了承を得ることができました。新しいテレビCMがオンエアされると、商品の売り上げが大きく伸び、1週間で250を超える過去最高の称賛の電話やハガキをいただくことができました。(当時は、1通のユーザーの声には、数万人もの潜在的な称賛の声が隠れていると言われていましたので、とてもうれしい結果でした)

この事例を含め、これまでの経験で停止した思考を再び動かすために私が学んだのは、視点を変える3つの切り口を使うことです。

①逆転の発想
②ゼロベース
③俯瞰化

①の逆転の発想は、前例のない場合やデメリットに思えることを逆手にとってプラスに変える発想です。

たとえば、お茶。お茶は「家庭や会社で湯のみで飲むもの」というイメージでした。ですが、缶やペットボトルに入れることで、外出時などいつでもどこでも飲める習慣に定着させた「お〜いお茶（伊藤園）」。これは、まさしく逆転の発想です。

また、ドリップコーヒーをコンビニで購入するという行動習慣を生み出したセブンイレブンのセブンカフェをはじめとするコンビニエンス各社の事例や、駅から離れた立地の悪いレストランを「隠れ家」的な見せ方で人気店にするのも逆転の発想と言えます。

②のゼロベースは、ものごとを一度まっさらにして考える思考法です。何かを考える際にはどうしても現状ある情報をベースに考えてしまいがちですが、行き詰まりを迎え、視点の転換を求められる際には、現状をいったん離れて考える必要があります。そもそも何が求められているのかという問いかけをしてみることが大事です。

③の俯瞰化は、鳥のように空の上から地上を見る感覚です。目の前の課題ばかりに目がいき、視野が狭くなってしまうと、「解決策なんてないだろう」と思ってしまうことがあります。

そんなときは、鳥になったつもりで現実から離れて、少し高いところから引いて見るようにしましょう。引いて見ることで、課題を冷静に捉えられるようになります。

どんな仕事にも「肝」となるポイントがあります。ただ、私たちは時折それを見失ってしまうのです。

そうしたとき、意識的に視点を変えてみると、見失った「肝」を取り戻すきっかけとなってくれるでしょう。

与えられた課題に頭を悩ませ、環境を嘆くこともあるでしょう。そんなとき**環境を変えるより、視点を変えるほうが簡単です。**

なぜなら**視点を変えるのは、あなたの領域にあるからです。**これは人間関係にも言えることですから応用してみてください。

Check!

①逆転の発想

前例のない場合やデメリットに思えることを逆手にとってプラスに変える発想の方法

②ゼロベース

ものごとを一度まっさらにして考える思考法

③俯瞰化

鳥のように空の上から地上を見る感覚

9割は「30秒ルール」で判断できる

何事に対しても「じっくり考える」傾向が強い読者の方も多いのではないでしょうか。たしかに時間をかけ、あらゆることを注意深く考えることが求められる重要な案件もあります。

ただ、成果と共にスピードを求められる今のビジネス環境で、すべてそのような思考で対応していたら、業務をこなしていくことが到底困難になります。

かつて、私も同じような悩みを抱えていました。

クリエイティブの部署に異動して数ヶ月後、テレビCM企画を担当していたときのことです。テレビCMの企画ができるまでは、まず広告代理店にオリエンテーションをし、どんな広告表現を求めているか伝え、その求めているものに沿って広告代理店からCMコンテの提案が上がってくるという流れです。

CM企画が決定するまで広告代理店と何度も打ち合わせを重ねるのですが、もともと慎重な性格もあって、「この企画を残そうかなあ」「コピーをどう変えようかなあ」と悩み、1つの企画に何時間もかけてしまうことも・・・。

あるとき、やっとのことで企画が決まり、打ち合わせを終えてホッと一息ついていると、業界でも有名なクリエイティブディレクターの方から声をかけられました。

「石田さん、**企画は直感で判断してみてはどうですか**」

とアドバイスをいただいたのです。

「直感ですか?」

「はい、直感です。ときにはじっくりと深く企画を考える必要が求められるときもまれにあります。でもCMは30秒程度ですよね。一度それで判断してみてはいかがでしょう」

それまで「長くじっくり考えることを良し」としている自分がいました。長く考えていることが、しっかり考えていることとイコールと誤解していたのです。心配性で慎重な性格だから余計にそうだったのかもしれません。

クリエイティブディレクターにアドバイスをいただいてから、テレビCMと同じ長さである「30秒」で判断するようにしました。自分の直感を信じて。30秒の直感で判断することで起こった変化は次のようなものです。

・企画を選ぶときに迷うことが減った

・悩む時間が減ったことで、他のことに集中できるようになった

そしてもう1つ。

・仮に判断が間違っていても、取り返す時間があること

「取り返す時間があること」は今の先が見えない、正解がない世の中でとても重要なことに思われます。

いくら細心の注意を払ったとしても、問題は必ず起こります。ですから、まずチャレンジして、間違ったとわかったら方向を修正すればいいのです。

とはいっても「やっぱり論理的に、じっくり腰を据えて考えたほうがいいのでは？」と思う人も多いかも知れません。ですが、欧米の脳科学の最新研究では、直感が論理や分析、統計よりも勝るというデータも出ています。人間の思考の9割以上は短い時間の中で、脳がたくさんの情報を取捨選択しながら最適な判断を下しているとも言われています。

「直感」恐るべしです。

あれこれ悩むのではなく、自分の考えをシンプルに表現する「直感」というのは、いつもじっくり考えてしまう人が、すばやく決断をしたいときにとても効果的です。

最重要案件について考え抜くことはもちろん必要なことです。ただ他の9割の案件については「30秒ルール」を課して、判断をする習慣を身につけましょう。

「9割の課題は30秒ルールで判断する」

最初は勇気がいるかも知れませんが、試していくことで、自分が変わっていくことが実感できます。

「社内ブルーオーシャン戦略」で小さな1番を目指す

あなたは、いま置かれている環境に満足していますか。

会社の中で現在のポジションに不満はありませんか。

社内でのポジションを考える上で「ブルーオーシャン戦略」の話をしたいと思います。

みなさんは「ブルーオーシャン戦略」という言葉をご存知でしょうか。競争の激しい既存市場を「レッドオーシャン（赤い海、競争の激しい領域）」、競争の少ない市場を「ブルーオーシャン（青い海、競合のいない領域）」とし、「企業はレッドオーシャンよりブルーオーシャンにポジションを置くことを目指すべきだ」と説くマーケティング関連の言葉です。

「ブルーオーシャン戦略」を実践している企業事例として、ライフネット生命とＱＢハウスがあります。

生命保険業界のライフネット生命は、大手生保が重視していた対人営業などを撤廃し、主にＷｅｂサイトで生命保険を販売しています。家の次に大きな買い物と言われる生命保険を、Ｗｅｂサイトからでも安心して購入できる商品のシンプルさやわかりやすさ、そして営業をなくすことで安い保険料を実現し、付加価値を向上しています。

ＱＢハウスは国内で約５００店舗、海外へは香港、台湾、シンガポールに進出しています。予約の手間を省き、シャンプーやドライヤーといった工程をすべてやめて、かわりにエアウォッシャーというシステムで切った髪を吸い取るという方式をとっています。従来の理容店で1時間程度かかっていたヘアカットをわずか10分へと短縮して、早くて安いをウリにしてサービスを提供しています。

「ブルーオーシャン」で生き残るためには、価値を向上させることが必要ですが、ライフネット生命、ＱＢハウス、どちらも未開発の領域に踏み込んで付加価値を高め、独自のポジションを獲得しました。

さて、ここで伝えたいことは、企業のポジションの話と会社内で働く私たちのポジションも同じだということです。

いきなり営業成績トップなど高い目標を設定してもなかなか達成は難しく、せっかくの目標が形骸化してしまうかもしれません。それよりもまず**競争の少ない、小さい分野・環境で1番になることを目指して、社内の「ブルーオーシャン」を探すのです。**

たとえば営業部門でExcelが一番得意である、海外部門でミャンマーのマーケティング事情に一番詳しい、ソーシャルメディアに一番精通しているなど、**会社の中にも「ブルーオーシャン」は必ず存在します。**一度社内をよく見てみましょう。

私はまず雑誌・新聞広告のプロフェッショナルを目指し、社内で異動希望を出して、雑誌・新聞の媒体担当になりました。

3年ほど知識や経験を重ねることで「雑誌・新聞広告は社内で石田が一番詳し

い」という状況をつくりました。それからは、いろんなブランドの広告戦略の相談が舞い込んでくるようになったのです。

いろいろなことがそれなりにできる器用な人よりも、どんなに小さいことでも構いませんから、何かの分野で1番になることを目指してください。

自分でアピールして社内の人との関係を構築していくやり方よりも、「社内ブルーオーシャン」戦略を実践するほうが、働きやすい環境がきっと見つかるはずです。

未開拓のニッチなポジションを見つける!

ブルーオーシャン

レッドオーシャン

No.1になると、世界が変わる!

伝えたいことは1つに絞り込む

人に何かを依頼したり、会議やプレゼンで発言するとき、営業で商品の説明をするときなど、あれもこれも伝えたいという気持ちが強すぎて、要点が絞り切れず、結果的に相手の記憶や印象に何も残らないという事態に陥りがちです。

そんなふうにならないためには、伝えたいことを1つに絞ってみることです。はじめは抵抗があるかもしれませんが、たった1つのことが伝わるだけで人は動くのです。

1つのメッセージで人を動かすことができた体験を、お話ししたいと思います。

それは大阪で営業をしていた頃の話です。雨や雪をはじく衣類用はっ水スプレーの売り上げが落ち込んでいました。全社では前年並みの売り上げを保っている中で、私が担当しているチェーンだけが前年比50%という、ひどい状態でした。

この商品の訴求ポイントは、「スプレーするだけで雨や雪をはじく」「独自の技術による驚異のはっ水力」「ドロはねなどの汚れから守る」「スーツ、スラックス、レインコート、バッグなどを汚れから守る」「スプレーした後、約10分で乾くので出かける前など手軽に使える」などたくさんありますが、一番大切なことは「雨や雪をはじく」スプレーであること。

買い物に来るお客様に、これを自分にとって必要な情報として認識してもらう方法はないかと頭を悩ませていました。

そんなとき、「関西地方には数年間、雪不足が続いていたが、今年は数年振りにスキー場に十分な積雪がありそうだ」という情報を得ました。

そこで思いついたアイデアが、関西近県人気スキー場の積雪情報を前面に出したオリジナル店頭用POPを作成することでした。そして、POPの前でスプレーを大々的に展開するプランです。

余談ですが、POPの積雪情報の下には「今年は行ける!」というコピーも添えました。「行ける！」には、今年こそスキー場に「行ける」、この商品は優れていて「いける！」の2つの意味を込めました。

ただ、いくつか問題もありました。

通常店頭用のＰＯＰは商品の特長を告知することに使われるので、積雪情報がメインのＰＯＰは前例がないこと。お店の担当者に毎日積雪情報を連絡し、情報を更新してもらわなくてはならないため、手間をかけてしまうこと。

こういった点から企画が採用されるか不安もありましたが、思いを込めてバイヤーに説明したところ、全店舗で採用されることになりました。

各店舗での評判もよく、前年比３００％の売り上げを達成することができました。

もし、通常のＰＯＰのように、「はっ水力がある」「スプレーするだけ」「ドロはねなどの汚れから守る」「少ない量で抜群のはっ水効果」など、限られたＰＯＰのスペースに、盛り込めるだけのいろんな情報を載せていたら、おそらく何も伝わらず、結果はまったく違ったものになっていたでしょう。

シンプルに伝えたいことを1つに絞ったからこそ、相手の心に届き、商品の購入という形で人を動かすことができたのです。

「何かを伝えたい」「覚えてほしい」と強く思えば思うほど、シンプルに、かつ1つに絞り込む勇気を持ってください。

そうすることで相手に確実に「伝わる」コミュニケーションに変わり、結果につながるのです。

伝えることは、1つだけ!

シンプルさが相手の心に届ける秘訣

しゃべるより早く確実に伝わる「書いて見せる技術」

人が得る情報の約9割は「視覚」から得ていると、デンマークの科学者トール・ノーレットランダーシュ氏は、著書『ユーザーイリュージョン』のなかで述べています。その他の聴覚、触覚、味覚、臭覚を合わせて1割というのに比べると、視覚の9割というのは、圧倒的な数字です。

このことが、しゃべらない仕事術において意味することは、**「しゃべるよりも見せるほうが相手に届くコミュニケーションになる」**。もしくは、**「ただしゃべるよりも見せることと組み合わせたほうが相手に届くコミュニケーションになる」**ということです。

あなたの記憶をたどってみてください。いろいろな記憶として思い浮かべることができるのは、音だけ、味だけというものではなく、必ず視覚情報とセットになっているのではないでしょうか。相手に記憶させたり、インパクトを残したりするには、視覚情報は欠かせません。

ここでは、「書いて見せる技術」として、言葉以外で相手に伝えるスキルを紹介します。できる限りしゃべりたくない人にとってはまさにうってつけのスキルと言えるでしょう。

たとえば、道案内の場面を思い浮かべてみてください。道を聞かれたほうが、

「2つ目の角を右に曲がって、そこから3つ目の信号を左に曲がって50メートルくらい歩くと左側にコンビニがあるので、そこを右に曲がれば、すぐ駅です」

と、このように説明するのは日常よくある道案内の会話ですが、これだと言うほうも聞くほうも大変でしょう。

同じことを伝えるのに、できるだけしゃべらないと次のようになります。

「ちょっと待ってくださいね。これが道順です（下の手書き地図）」

説明するよりもペンと紙があれば、手書きでさらっと地図を書いて見せたほうがわかりやすいのは明らかです。

このようなことは仕事でもよくあります。**図を書いて見せることで、相手の理解が深まり、強く記憶に残すことができるのです。**たとえば、

・企画書や報告書
・プレゼンテーション
・会議や打ち合わせ

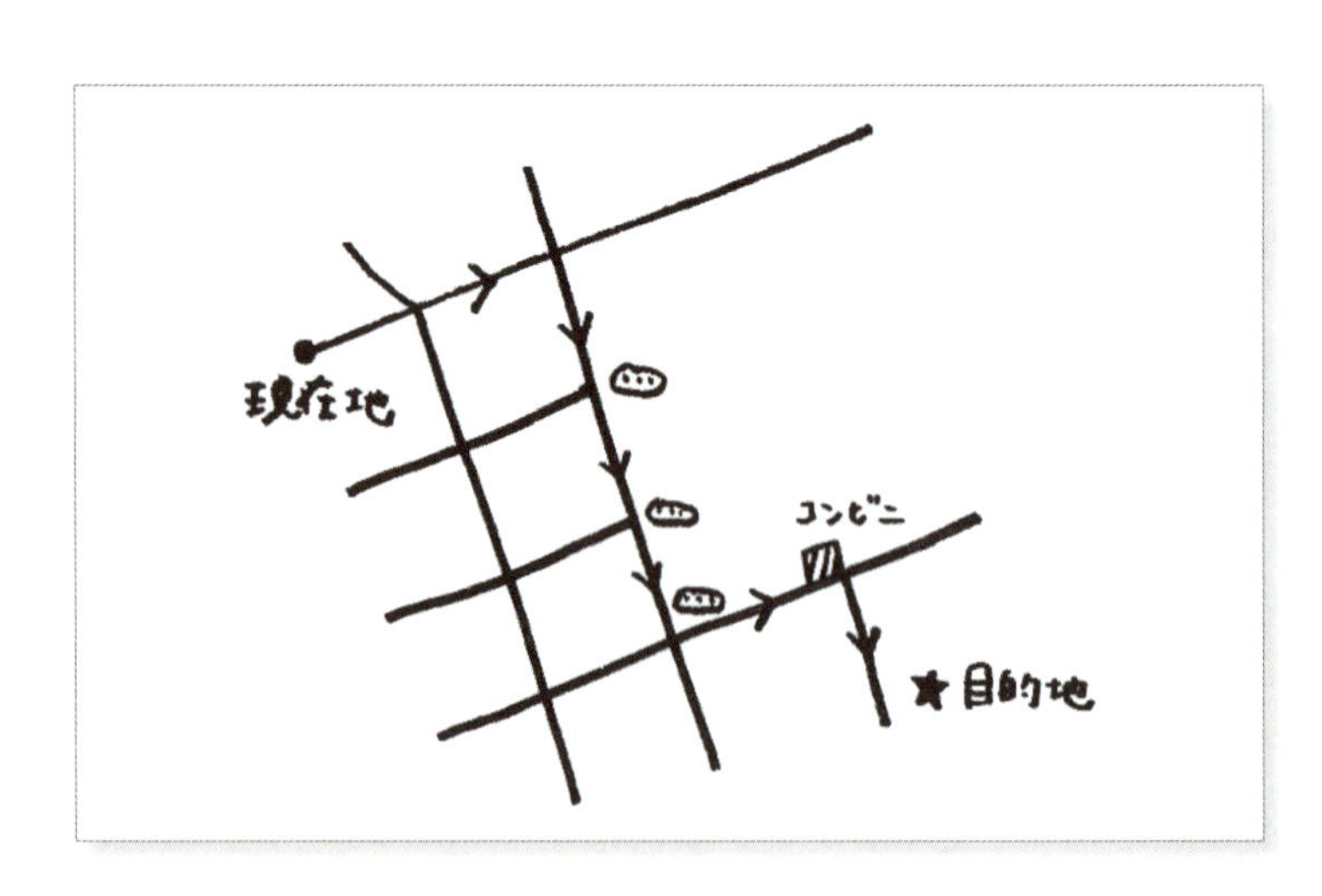

・仕事の依頼

こういった場面で図を使うことで、コミュニケーションの質はグッと上がるでしょう。

図で書くことをハードルが高いと感じる人もいるようですが、そんなことはありません。

いくつかのパターンを覚えるだけで、いろんな状況に対応させることができます。しゃべらないで相手に伝える武器として、ぜひ、図解についての知識を得ましょう。

人が得る情報は視覚からが9割

書いたものを見せて、相手の視覚に訴えよう!

口で語らず、目で語る

一般的にコミュニケーションは2つに分けられます。言葉を使う「バーバル（言語）コミュニケーション」と、言葉を使わない「ノンバーバル（非言語）コミュニケーション」の2つです。

ノンバーバルコミュニケーションは、顔の表情や姿勢、しぐさや服装などの伝達方法があります。「しゃべらない」コミュニケーションの象徴的な表現と言えるかもしれません。

ちょっとしたしぐさが、コミュニケーションの良し悪しを決めることもあります。「自分にとってはささいなことでも、相手にとっては重要なこと」という場合もあるので気をつけたいものです。

ここでは、ノンバーバルコミュニケーションにおける、「目」と「姿勢」にポイントをおいてお伝えします。

まずは、目です。

「目力」「目配り」という言葉、「目は心の鏡」ということわざがあるように、人の本心は目に表れます。

幸せを感じ、喜びがあふれたときには当然目も笑っていますし、不安や心配事があるときは悲しさを持った目になるものです。

目の表情は、自分が思っている以上に相手に伝わっています。

ですから、逆に目力を上手に活用して、相手に自分の気持ちを伝えてみましょう。

たとえば、大事な商談やプレゼンのときは、いつもより目に力を入れて、

「これはあなたにとってとても必要なものですよ」

「あなたに寄り添っています」

という気持ちを表現することで、普段より相手に誠意が伝わるでしょう。た

だ、慣れていないと変な力の入れ方になり、まばたきが増えてしまったりします。まばたきが増えると、不安、自信がないという印象を相手に与えてしまうので、注意してください。

次に「姿勢」についてです。

人間は何かに強く興味を持つと前傾姿勢を取ります。いわゆる「身を乗り出している」状態です。好きなタレントやミュージシャンのコンサート、スポーツ観戦に行った場合を考えれば想像できるのではないでしょうか。

人と話をするときは前傾姿勢になったほうが、相手から好感と信頼を得やすくなります。「私はあなたに興味を持っています」「話の内容に惹かれています」というメッセージが相手に伝わるようになるのです。

逆に、後傾姿勢は印象が悪くなる場合が多いので避けましょう。

たとえば、商談のときなどに取引先の人を前にイスの背もたれに寄りかかってはいけないと、上司やビジネスマナー研修で教わったことがある人もいるでしょう。

寄りかかるまではいかなくても、**少し後傾姿勢になっていたり、腕組みをしているだけでマイナスの印象を与えてしまいます。**無意識にしている可能性もあるので、一度確認してみましょう。

コミュニケーションのちょっとしたしぐさが、顧客や取引先と良い関係を築くことになるのです。

・目は心の鏡
・前傾姿勢を取る

ノンバーバルコミュニケーションをマスターしよう!

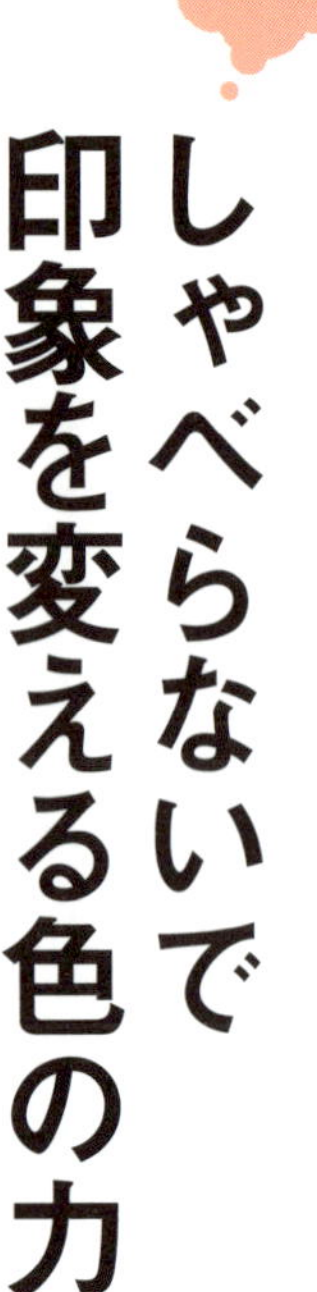

しゃべらないで印象を変える色の力

みなさんは、服を選ぶときどのような基準で色を選んでいるでしょうか？

実は、色は人の心や気持ちに大きな影響を与えているのです。

マーケティングにおけるもっとも強力なコンセプトは、消費者の心の中に言葉やイメージを植えつけることです。そのとき色が果たす役割はとても重要になります。

コカ・コーラ（赤）、スターバックス（緑）、エルメス（オレンジ）などは、ブランド名を聞いて誰もが色まで想起できる強力なブランドカラーの象徴的な例と言えるでしょう。

たとえば、みなさんが街中の少し離れたところから緑色の看板のカフェを見つけた場合、「あれはスターバックスかな？」と、まず最初に想起するのではないでしょうか。そのくらいカラーによるイメージは強烈なのです。

では、これらのブランドはなぜその色を選んだのでしょうか。

それにはちゃんと理由があって、人が持つそれぞれの色そのものに対するイメージまで考えているのです。

ですから、それぞれの色が人の心理にどんなイメージや影響を与えるかを知っておくと便利です。そして、色の特徴を知ってからあらためて商品のパッケージやロゴを見ると、その色が選ばれていることにはちゃんと理由があることがわかってきて楽しいものです。

さて、色の力を知っていただいたところで、この項目の本題に入ります。

それは、**さまざまな色の特徴を活用して、相手に自分のイメージを印象づけることが可能だということです。つまり、色の力で相手に与える印象を変えられるのです。**

はじめに、それぞれの色が持つ特徴をP57の図にまとめたので見てください。

たとえば、初めて取引先を訪れる場合、一般的には清潔感のある白や青色のシャツを選ぶ人も多いと思います。プレゼンなどで存在感を増しながら「決める」プレゼンをするなら、赤色のコーディネートを加えるのも手です。有名な話ですがアメリカ大統領が演説するときの勝負ネクタイも赤色ですね。

ビジネスでもネクタイやチーフ、鞄の色などでイメージをつけると、取引先に名前をすぐ覚えてもらえて、仕事上うまくいくことがあります。

企画書や資料作成にも色選びのポイントがあります。提案先や、商品企画のコンセプトを確認してテーマカラーを決めます。取引先企業のコーポレートカラーに合ったトーンの色を選ぶことも選択肢の1つです。

また性別を意識した色使いの方法もあります。女性が多い会議や提案の場合、女性が好む、良い印象を与える青、紫、緑を含む色使いを、男性の場合は青や黒など男性の好む色使いを意識します。

色は私たちの感情や決断に強力な影響を与えています。しゃべらなくても色の力で印象を変えていきましょう。

（赤）注意力を喚起し、人間の感情的興奮や刺激をもたらす。

（青）爽快感、冷静なイメージ。好感度が高く、世界的に見ても人気が高い。

（黄）光や太陽のイメージ。知性を刺激し行動を活性化する。

（緑）情緒の安定。身体を癒す色。

（オレンジ）楽天的な印象を与え、陽気に見える色

（黒）相手を威圧する力強さ。高級感。

（白）純潔さ。清潔感。

仕事の秘訣は「引き算的発想」にある

モノが売れない時代に突入し、ますますヒット商品が待ち望まれています。

商品開発やマーケティング、営業などあらゆる職種で「どのようにしたらヒット商品を生むことができるのか」と日夜頭を悩ませている人も多いのではないかと思います。

残念ながらヒット商品を確実に生み出す手法は存在しません。

ただ1つ言えることは、**情報を絞って、シンプルに伝えることがヒットにつながる**ケースが多いということです。

代表的な事例として、iPhone、iPad などで有名なアップルが挙げられます。

アップルは、iMacを発売したときにはフロッピーディスクを排除し、iPhoneでは他の商品に数多くあったボタンを排除し、操作をシンプルにしました。

これは創業者のスティーブ・ジョブズの「最も重要な機能を除いて、ノーということがイノベーション」だというこだわりが生んだヒット商品です。

また、最近は「ググる」という言葉も浸透してきた検索エンジンのトップシェアであるグーグル。そのトップページを思い浮かべてみてください。

ページにあるのは、グーグルのロゴと、検索ワードを入力する枠だけ。これはグーグルがサービスをはじめてからずっと変わりません。多くのユーザーに愛されているのは、そのわかりやすさ故なのでしょう。

どちらの企業も、その根底にあるのは、**「引き算的発想」**です。

今の時代は情報量でいえば、10年前と比べて200倍か、それ以上の「情報過多社会」と言われています。

みなさんがテレビでよく目にするシャンプーなどのヘアケア商品を見ても、C

Mをはじめとするキャンペーン費用に、年間数十億円規模で投資しています。各ブランドの総宣伝費を足すと年間で100億円を超える莫大な金額です。

それにもかかわらず、一般女性に認知されているブランドは平均で2、3個程度。お金をかければ認知される時代は終わりました。

しっかり伝えるには足し算的発想ではなく、引き算的発想で要素を絞り込み、不必要な情報をできるだけ排除することです。

引き算的発想は商品・サービスの開発に限りません。日常の仕事でも常に頭に置いておきたいものです。

たとえば、みなさんも多くの仕事を同時に抱えているでしょう。「今日はあれとこれと、あっちも手をつけておいたほうがいいな」と、一日のやるべきタスクを欲張ってしまいがちです。

しかし、それではかえって1つの仕事に集中できなくなってしまいます。タスク管理でTo doリストをつくる際には、引き算的発想でタスクを絞り、集中してこなすことで、効率を上げることができます。

引き算的発想は、何かを相手に伝えるとき、アイディアを求められたとき、本当に必要な情報は何か、整理するのに役立ちます。

まずは、徹底的に引き算をしてみてください。それをした上で、どうしても必要であれば足し算的発想で加えていくというイメージです。

究極までシンプルに絞る仕事術が身につけば、何をやっても成果が上がるようになるでしょう。

究極まで
シンプルに!

引き算的発想で仕事の成果を上げる

しゃべるストレスが半減するマンツーマン話法

パーティーや懇親会で、大人数を相手に話をしたり、一度にたくさんの初対面の人と名刺交換をしたりして、気疲れした経験はありませんか。

できる限りしゃべりたくない人にとって、パーティーや懇親会の場はもっとも苦手とするもののひとつと言ってもいいでしょう。

パーティーや懇親会などに参加すると、誰とでも上手に話をしている人が必ずいるものです。

そういう人を見る度に「もっとうまく話ができるようになりたい」とうらやましく感じたり、ちょっとした敗北感を味わったりした経験も一度や二度ではないと思います。

しかし、序章でも述べたように話し上手を目指す必要はありません。

では、話し上手にならずにパーティーや懇親会のような場を上手に乗り切るにはどうすればいいのでしょうか。

まずパーティーなどの場でも、一度に一人ずつとの会話を試みることです。すなわちマンツーマン会話に持ち込むこと。

なぜ、マンツーマンなのかと思うかもしれません。読者のなかには何人かのなかにいて周りが話してるのを聞いているだけのほうが気持ちがラクな人もいるかもしれません。

ですが、それでは他の人に何もあなたの印象を残すことはできません。せっかくパーティーや懇親会に参加したにも関わらず、新しい人脈が生まれる可能性は低くなってしまいます。

マンツーマンの会話は、その人と深い関係を築ける場合が多く、大人数を相手に無理して話をするよりもはるかに効果的です。**本当に相手の印象に残るのは1**

対1のコミュニケーションです。

マンツーマンの会話に持ち込むには、会場を見渡し、誰かが一人で立っていたらチャンスです。自分からさりげなく歩み寄って話しかけてみます（具体的な会話・雑談の方法は第2章、第3章でお伝えします）。

もし立食のパーティー形式であれば、誰かが食事を取りにいったときに一緒に行き、話をするきっかけをつくる方法もあります。**人間には、食事を共にすると親密になりやすい性質があります**ので、有効に活用しましょう。

ですが、そうはいっても初対面同士の会話ですから徐々に疲れてくるでしょう。そういった場合は、ちょっと離れたところに一人で身を移し、疲れを癒しましょう。

そうやって一人になると、「類は友を呼ぶ」ではありませんが、あなたと同じようなパーティーで気疲れした人が寄ってくることがあります。せっかく一人になろうとしたのにと思うかもしれませんが、寄ってくる人も同じ心境ですから、気楽に会話をしてみるのもいいでしょう。

パーティーでは、エネルギーが枯渇しないように気をつけるという視点も大切です。

複数の人との会話はエネルギーの消費量が高くなるのでできるだけ避けて、マンツーマンの会話でエネルギーを節約しながらも、個々に関係を深めるスタイルに徹することをおすすめします。

パーティー・懇親会では、会話はマンツーマンに持ち込もう!

余計な気疲れがなくなり、関係もグッと深くなる

Check!

シンプルの法則

- ☑ しゃべりすぎないほうが相手によく伝わる
- ☑ 「逆転の発想」「ゼロベース」「俯瞰化」で視点を変えて、停止した思考を動かす
- ☑ 直感ですばやく決断することで仕事はグンと効率化する
- ☑ 社内で小さな1番になることで、周りの見る目が変わる
- ☑ 書いて見せて、視覚に訴えることで相手の記憶に残る
- ☑ 「引き算的発想」で仕事に取り組めば、成果がついてくる

第2章

ギャップの法則

意外性で人を動かす & 成果につなげる!

「沈黙」は武器になる

しゃべるのが苦手な人がもっとも恐れるのが「沈黙」です。かつての私がそうだったので、この気持ちは本当によくよくわかります。

沈黙が続くと気まずくなってきて、だんだん落ち着かなくなってきます。その焦り、動転ぶりがもろに会話に表れてしまい、気まずい雰囲気になってしまったという苦い経験がある人もいるのではないでしょうか。


ですが、あえて言います。

沈黙を恐れる必要はありません。

序章でも触れましたが、会話はお互いに話し手、聞き手の役割をこなすことで成立します。ですから、沈黙という状況はあなた一人が引き起こした状況ではありません。沈黙が訪れて「なんか気まずいなぁ」と思っているのは、相手も同じなのです。

もし、相手がしゃべるのが得意であれば、沈黙の心配をすることもないでしょうが、そもそも7〜8割が内向型とされる日本では、しゃべるのが得意な人に当たる確率のほうが低いのです。

ですから、沈黙が訪れても恐れるのではなく、むしろ「この人もしゃべるのがあまり得意じゃないのかな？」「自分と似たタイプの人なのかな？」と考えればいいのです。

このマインドを身につけて沈黙に慣れてくれれば、沈黙を武器として使うステージに上がることができます。

沈黙を武器として使うとはどういうことでしょうか？

それは、**「3秒の沈黙」**を意図的につくることで、伝えたいことをより印象づけることができるというスキルです。

私は仕事上、プレゼンや会議の場で複数の人を前にして話をする機会が多く、このスキルをそのような場面で多用していました。

プレゼンの冒頭、もしくは「ここは強調したい」「このワードは覚えてほしい」という場面で、意図的に3秒間のタメをつくってから、言葉を発するようにします。沈黙を挟むことで聞き手は心理的に話し手に引きつけられます。そして、その後に発するワードは聞き手の脳裏に強く印象づけられるのです。

特にプレゼンの場合には、基本的に発表者が話し続ける形式なので、その中での3秒の沈黙というのは、聞く側からすると意外と長く感じ、ときには「あれ、どうしたんだ？」と心理的な不安を与えます。

その沈黙がギャップとなり、大きなインパクトを残すことができるのです。

もともと日本には「間に合う」「間延びしている」などといった表現があるように、「間」を日常に取り入れる習慣が根づいています。ですから「間」を取り入れることへのハードルは高くないと言えます。

会議やプレゼンに限らず、普段の会話でも「3秒の沈黙」は使えます。

といっても、会話の中で毎回3秒タメてからしゃべっていたら、相手に不審がられてしまいます。ですから、**「大事なこと」「核心を突くこと」「するどい意見」を言うときに、3秒間のタメをつくってみましょう。**

そうすることによって、「しゃべらないからつまらない」「この人、ちょっと暗いかも」というマイナスの印象が払拭され、「この人は寡黙だけど何かある」とプラスの印象を持たれるようになるのです。

沈黙を恐れるな!

3秒の沈黙で相手に印象づける!

「2つのメリハリ」で勝負する

前項に続いてここでも、相手に伝えたいことをより強く印象づけるスキルを紹介したいと思います。

それは、**話し方にメリハリをつけること。**

この本を手に取る「できる限りしゃべりたくない人」は、人前で話すことが恥ずかしかったり、今ひとつ自分に自信が持てなかったりするため、声が小さくなってしまう人がいます。

相手に「え?」と聞き返されたり、「聞こえないよ」と言われたりといったこともあるかもしれません。

「大きな声で」と注意されても、ずっとそういうしゃべり方で生きてきた人がすぐに大きな声で話すのは無理があります。

目的は、伝えたいことがしっかりと伝わることですから、今のしゃべり方をベースに少し工夫を加えてみましょう。
メリハリのつけ方は、主に次の2つです。

①声の大きさに差をつける
②話すスピードに差をつける

①の声の大きさに差をつけるというのは、「強調したい」「ここは伝えたい」という大事なポイントだけ、声量を上げて伝える方法です。
たとえば、次のように日程を相手に伝える場合。

「次の打ち合わせは、**5日**の**木曜日**にお願いします」

大事な部分である「5日」「木曜日」を他の部分より、大きな声で強調します。基本的には単語レベルで強調するほうが相手の印象に残りやすくなります。

はじめての会社を訪問し、自己紹介をするときも、

「はじめまして、今年度から新しくこちらの地域を担当することになりました、〇〇**商事**の**石田**と申します」

というように、相手に覚えてもらいたい会社名と名前を強調して伝えるといいでしょう。

次は②の話すスピードに差をつけるです。これは強調したい部分をゆっくりと話す方法です。

①のときと同じように、単語レベルで伝えたい部分だけ、ゆっくりと話してみましょう。①の声の大きさに差をつけることと併用して、声の大きさを意識して、聞く側に届くように気持ちを込めて語ると、より効果的です。

いつもは控えめなトーンで話をする人が、声のメリハリを意識することによって、相手が感じる印象が変わり、心に届くようになります。


また、特にビジネスシーンでの会話、たとえば上司に報告するときやプレゼンをするときには、

「次が大事なポイントです」

「3つ、大事なポイントがあります」

と宣言することで、相手を引きつける方法もあります。前項の「沈黙」、そして「メリハリ」と共に活用してみてください。

Check!

話し方にメリハリをつける2つの方法

①声の大きさに差をつける

②話すスピードに差をつける

できる限りしゃべらないで結果を出す営業術

入社してすぐに営業部の大阪本店配属となり、全国展開するチェーン系列の本部を担当することになりました。

そのチェーンに対する売り上げは芳しくなく、毎年、対前年の売上実績を割っている問題の多いところでした。新人で担当するには荷が重く、案の定、目標売上が半年間ずっと未達。毎月の営業会議では上司から毎回「数字、どうなっておるんや？ 朝から晩まで店に行って数字上げてこんかい！」と叱責される毎日でした。

店に向かう足取りは重く、当然その気持ちは取引先にも伝わります。入念な準備をして臨んだ商談も「石田さん、まあ商品は十分あるから、ええですわ」とやんわりとした言い方で、キッパリ断られる始末。

本部で商談しても店を周っても目標にはまったく届きません。何をしてもうまくいかず途方に暮れているときに、普通に営業しても売り上げがいかないから、しょうがなく「とにかく店をよくみてみよう。観察してみよう」と思い立ちました。

ところで、**単純接触効果**という言葉を聞いたことがあるでしょうか。**人は、繰り返し同じ人に接したり、繰り返し同じモノを見たり聞いたりすると、それに対して好意を抱き、親近感が増すというのが単純接触効果です。**テレビCMを繰り返しオンエアして好感度をアップさせるなど、マーケティング手法としても多く活用されています。

これを応用してみようと、私はそれから担当店に週に何度も何度も通いながらも、商談は一切しないと決めました。店のために何ができるのかを最優先に考え、御用聞きに徹しました。

商品の陳列やお店の売り上げにつながるPOP作成など手伝ったりしました。

その中で特に観察していたのが、お客様の消費行動です。「どういう順番で店内を回るのか」「何時ごろ一番商品を購入するのか」「商品にどのようなコピーが書かれていると手に取るのか」。もともと観察好きな性格のため、お店を隅から隅まで観察しました。

そうして気づいたことは、他のメーカーがまったく見向きもしない店の奥。プロモーションの順番を巡って熾烈な争いが繰り広げられている店の入り口付近からもっとも遠い不人気な場所に、若い女性が必ず通り、立ち止まって商品をじっくり品定めするコーナーがあること。通る人は少なくても購買する率が圧倒的に高いことを発見したのです。

すかさず店のバイヤーに「奥のスペースの売り場の演出を私に任せてもらえませんか？」と伝えたところ、「あのスペース、どのメーカーさんもフェアをやらへんけどいいの？」と言われながらも了解をいただけました。

さっそく若い女性向け商品に絞ってフェアを実施したところ売り上げが激増しました。それまで１００万円に満たなかった月の売り上げが、20倍近い実績に。

バイヤーから「他のお店でも展開しよう」と言われ、販促企画の採用数が増加。バイヤーやお店の担当者からの信頼を勝ち取り、ついに社内の化粧品部門（店舗別）で全国1位の売り上げを達成しました。

結果を急いで、すぐにモノを売ろうとせず、あせる気持ちを抑えて、徐々に信頼を獲得すること。

しゃべらない営業術によって相手のニーズを冷静に把握でき、大きな成果につながるようになります。

あせって、「売ろうとするばかりの営業」をやめてみましょう

ニーズを把握して、信頼を得よう!

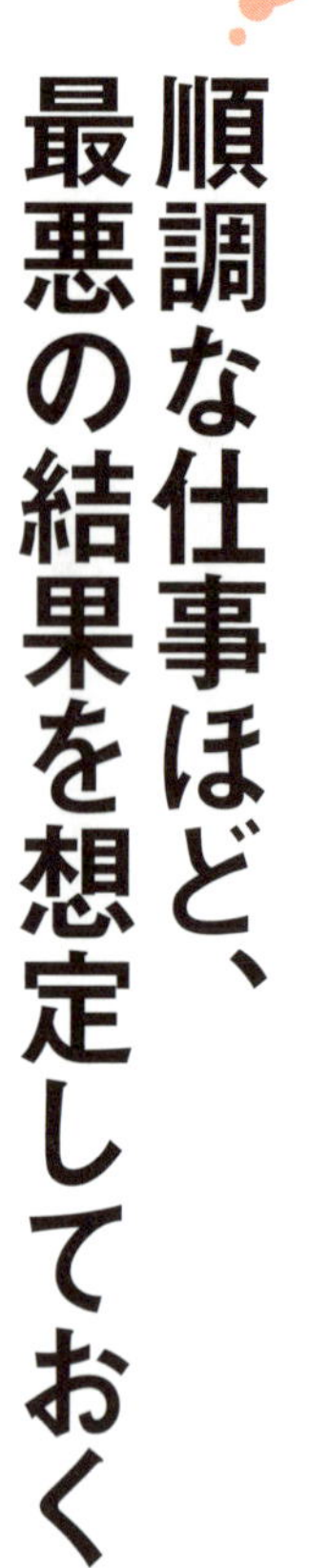

順調な仕事ほど、最悪の結果を想定しておく

みなさんは、仕事で「油断大敵」という言葉を思い知る結果に直面したことはないでしょうか。

仕事に慣れてマンネリ化してきたときや、苦労なくフィニッシュできそうだと楽観的に考えていた仕事のときほど、天国から地獄に突き落とされることが起こります。

私がデオドラント剤の広告に起用する新タレントを決めるプレゼンを任されたときの話です。

たくさんの関係者の多大な協力により、過去に前例のない複数の人気タレントを提案することができました。アイドルからミュージシャンまで、ここで名前を挙げることができないのが残念なほど、当時人気絶頂のタレントばかりです。

広告担当の私としても、この段階で「プレゼンはもらったも同然！」と意気揚々。関係者には絶対承認が下りるからと安易な見通しを伝えていました。

ところが、何があってもうまくいくと踏んでいたプレゼンが、当初の予想に反して大失敗に終わります。

関係者からはクレームの嵐でした。菓子折りを持っての謝罪の毎日。ご協力いただいていたみなさんに申し訳ない気持ちでいっぱいで、私はこの失敗から大事なことを学びました。

本来、仕事に大きいも小さいもなく、どんな仕事も大切です。しかし、**より多くの人が関わる仕事やプロジェクトについては、いつも最悪の結果を想定しておくということ。**

内向的な人は性格上、一度大きな失敗すると、人よりも大きい心理的なダメージを受けてしまいます。批判的な評価をされることに際立って弱いのです。さらに、気持ちの切り替えにも多くの時間を必要とするので、最悪の結果だけは避けなければいけません。

そのためには、入念な事前の準備が必要です。

まず、**最初にすべきはゴールを明確にすることです。**どこを目指すのか、なにを実現したいのか、仕事には必ずゴールが存在します。

次にゴールにたどり着くまでのステップを描きます。

A地点を目指すにしても、どのコースを選択するかによってアプローチの方法も変わります。そのときそのときで最善の道を選ぶのがセオリーですが、状況は日々変化します。取引先や関係者が多くなればなるほど、突発的な事態が起こる可能性があるため、あらゆるパターンを想定しておく必要があるのです。

ここまでは準備できるビジネスパーソンはいますが、重要なポイントはこの次の段階です。

それは、あらゆるパターンには「最悪のシナリオ」も含めておくことです。

準備の段階で最悪のシナリオを描いておくことで、あらゆる事態に先手先手で対処することが可能になります。

そうすることではじめて最悪の結果を免れることができ、どんなコースを通ってもゴールにたどり着けるようになるのです。

本書を読んでいる人も失敗しないように慎重に物事を進める傾向があると思います。ですが、最悪のシナリオまで想定する人はあまり多くありません。ぜひ、万全の態勢でのぞんでください。

最悪の結果まで想定内にする

想定内のストーリーならリカバリーできる!

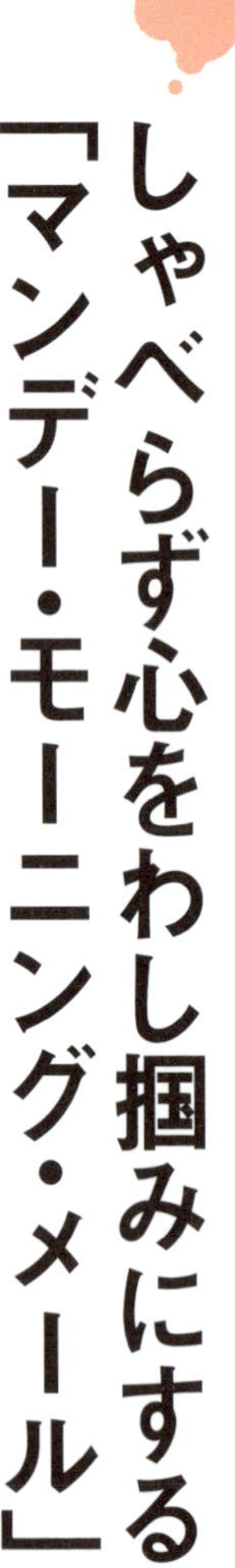

しゃべらず心をわし掴みにする「マンデー・モーニング・メール」

多くのビジネスマンは、休み明けの月曜日の朝を憂鬱と感じています。よく耳にするのが、日曜日の夕方『サザエさん』を見た後、休日の安らぎの終わりを実感したり、明日からはじまる長い長い一週間が頭に浮かび憂鬱になる、いわゆる「サザエさん症候群」になる人も多いのではないでしょうか。

それを裏付けるように、ある転職支援会社のアンケートによると、40～50代サラリーマンのなんと7割以上の人が「月曜日が憂鬱だ」と答えたそうです。また、1週間のうち月曜日の自殺者がもっとも多いという厚生労働省の統計データもあります。

月曜の朝というのは、ビジネスマンにとってこれほど重くるしいものなのです。

ですが、そんな日本中のビジネスマンが不機嫌な月曜の朝に限って、週末を挟んでいることもあり、連絡やメールが普段よりも大量に届きます。

もし、そんなときに追い打ちをかけるようにぶしつけなメールが来たとしたら、あなたはどんな気分になるでしょうか。一大事で緊急を要する場合であれば仕方がないでしょうが、緊急でもないのに月曜の朝の不機嫌さがメールに表れたような、

「至急戻しを！」

「午前中のうちに対応してください！」

などというようなメールを同僚や部下、取引先に送ってしまったりしていませんか。

「月曜日の朝はみんな不快な気分」であるという前提で、メールの対応を変えてみましょう。

前の週に自分の仕事でうまくいったことがあれば、「〇〇様のおかげで大成功

でした！」と感謝の気持ちを伝えたり、取引先から良い提案内容があれば、「とても素晴らしい提案でした！」とお礼を送ったり、部下ががんばったことに対しては、「先週の○○社へのプレゼンは完璧だったね！」とほめ言葉をあえて送ってみてください。

このような感謝やお礼のメールが入っていたら相手はうれしい気持ちになり、清々しい1週間のスタートが切れるはずです。

できる限りしゃべりたくないと考えている人は、得てして感謝の気持ちを言葉にして伝えるのが得意ではありません。直接伝えるチャンスがあっても口に出せない人も多いのではないでしょうか。

「マンデー・モーニング・メール」で内容に少し工夫を加えるだけで、相手の心に強く印象づけることができます。普段思っているけれども、なかなか直接伝えられない言葉や気持ちを表現できる絶好の機会です。ぜひ、マンデー・モーニング・メールを習慣化していただきたいと思います。

ちなみに、相手に送る文章を月曜日に考えようとしてもなかなか時間が取れないものです。

ですから、金曜日の夕方、今週の仕事を振り返るとともに、月曜日の朝に送るメールの文章を考えて作成しておくのがポイントです。

前向きな文章を書くことで、自分自身も良い気分で週末を迎えられるというメリットもあります。

さっそく来週の月曜日から、試してみませんか。

月曜日の朝には
マンデー・モーニング・メール

みんなの憂鬱な気分を吹き飛ばそう!

悪い話を伝えるときの「マイナス＋ダブル・プラス法」

みなさんに質問です。

都合の悪い話を取引先や上司に伝えなくてはいけない場合、どのような報告の仕方をしているでしょうか。次に2つの例を挙げました。

A：「この商品はとても快適に使えますが、お値段は多少高くなります」

B：「お値段は多少高くなりますが、この商品はとても快適に使えます」

Aはプラスの情報を先に話し、マイナスの情報を後に話しています。BはAと逆でマイナスの情報を先に話し、プラスの情報を後に話しています。

AとBで印象がいいと感じるのはどちらでしょうか。相手が印象よく思うのはBの方です。

このような話法は「マイナス・プラス法」と呼ばれています。ビジネスではもちろんのこと、プライベートにも大いに活用できる話法です。

ビジネスでは、取引先や上司に悪い話やマイナスの情報を伝えなくてはいけない場面も多くあります。

「マイナス・プラス法」を用いれば、同じ内容を伝えても、良い印象を残せるというメリットがあります。

本書では、**マイナス・プラス法より**

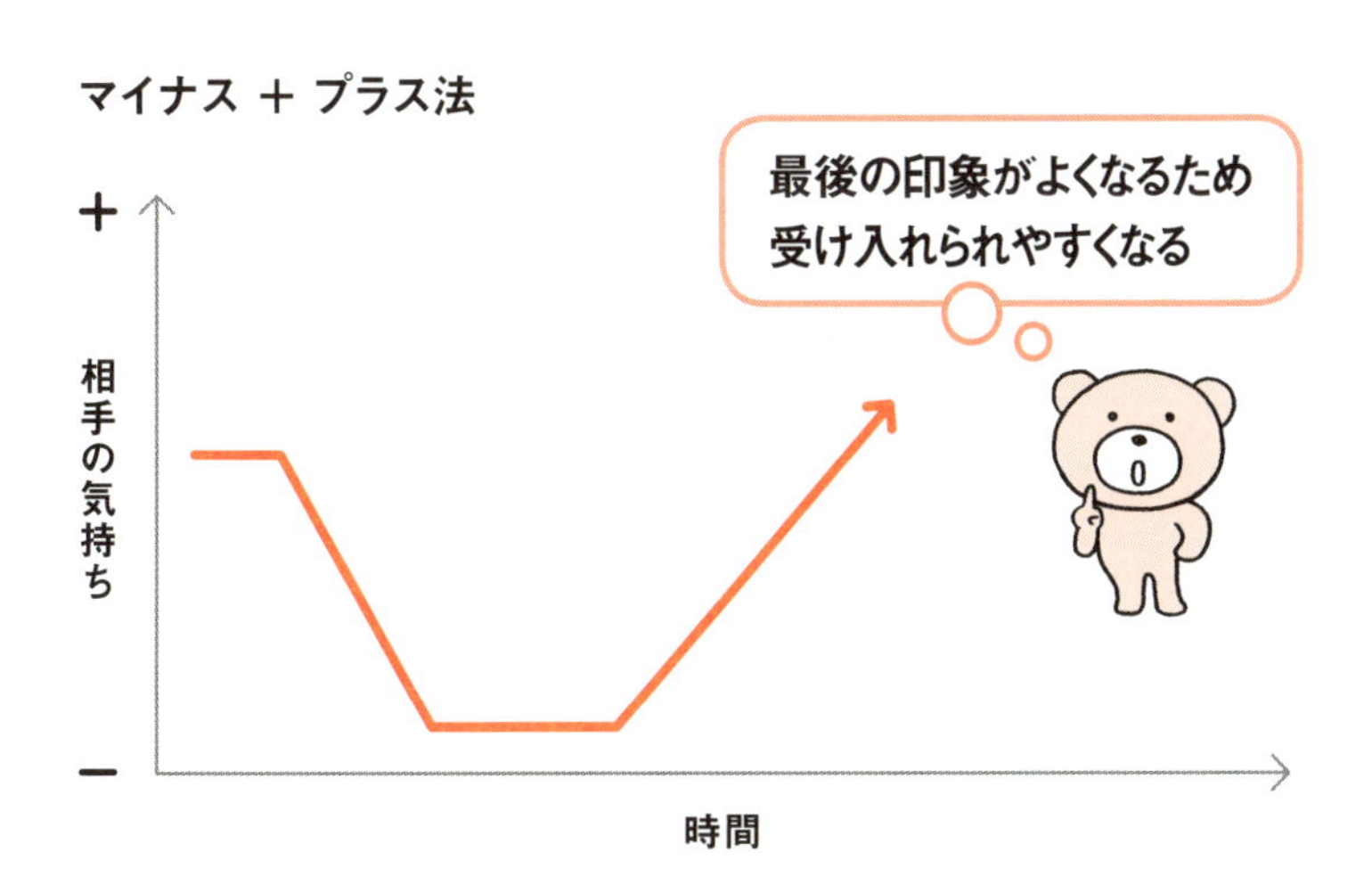

さらに効果の高い「マイナス＋ダブル・プラス法」を提案したいと思います。

先程のBの例を「マイナス＋ダブル・プラス法」に当てはめてみましょう。

「お値段は多少高くなりますが、この商品はとても快適です。しかも10年間も使えます」

というように、**マイナス要因の話を先に話して、その後にプラス要因の話を1つだけでなく2つ重ねて持ってくることで、結果的に相手にプラスの印象を強く与えることができます。**

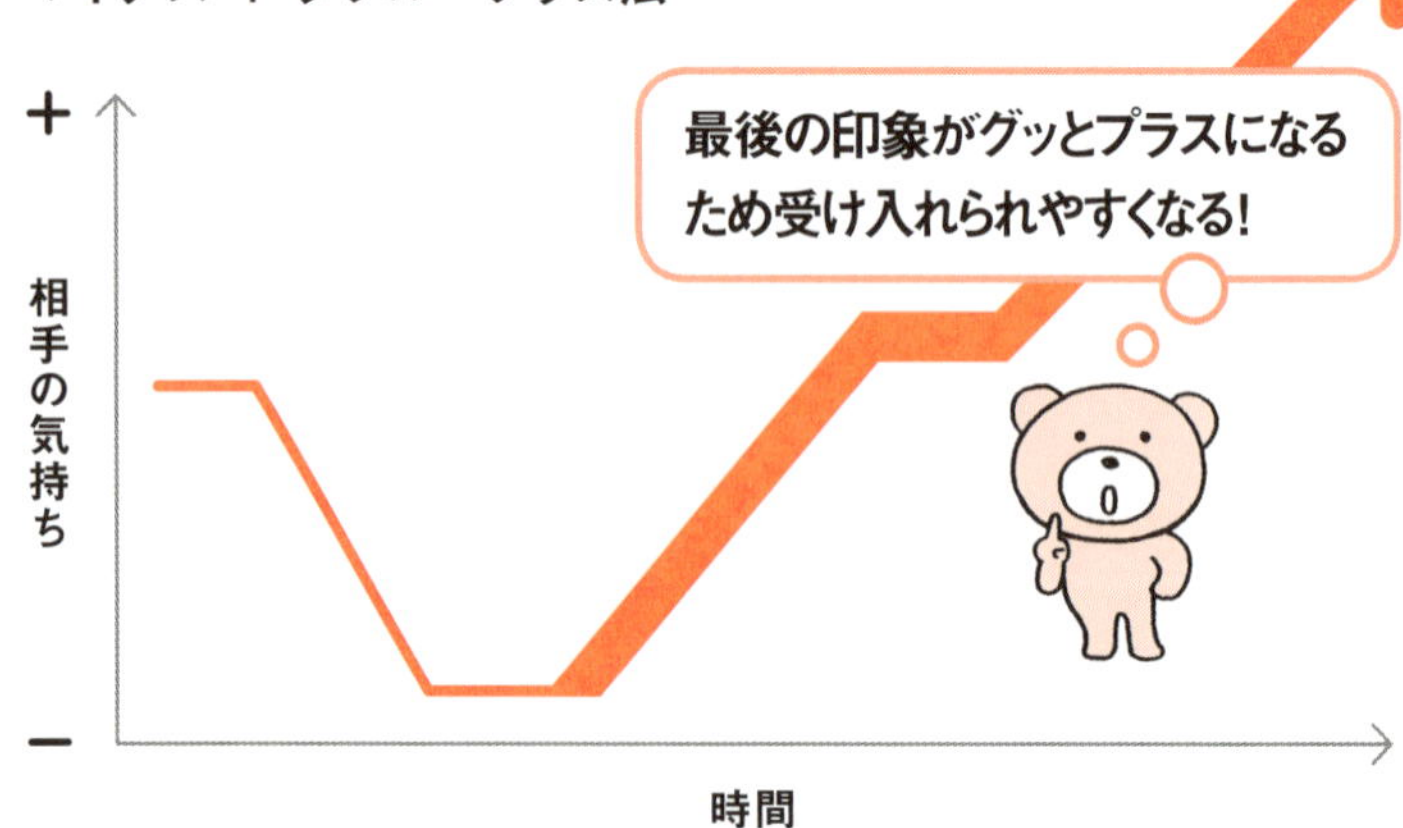

プラスの印象が強くなることで、前段のマイナス要因の印象が相対的に弱くなる効果もあります。

話術に長けていない人は、必要以上にマイナス面を強調してしまい、プラス面を控えめに伝えてしまう傾向があります。これではせっかくの努力やがんばりが正当に評価してもらえないこともあります。

もっと意識的に「マイナス＋ダブル・プラス法」を使うことで、前向きな商談や報告が展開できるようになります。

また、他にも部下や後輩に注意・アドバイスするときにも応用できます。

最初から怒るのではなく、マイナスの部分を先に言いながらも、プラスのこと、しかも「ダブル・プラス法」で伝えてみましょう。注意を受けたほうも、良い印象の方が強く残り、その後の人間関係にもプラスに働きます。

こういった**小さい心配りが、まわりの人との信頼につながっていくのです。**

反論するときに効く「BIGYES＋クエスチョン法」

世の中には、人の意見に対して反対意見を言うのが好きな攻撃的な人がいますが、内向的な人は反対意見を口にするのを躊躇するほうです。上司から一方的に意見を言われた場合など、何も言い返せず引き下がってしまうこともあるでしょう。

ただでさえ人間関係に神経を使う性格ですから、反対意見を言うのは可能な限り避けたいのです。

上司や取引先の言ったことを受け入れる、否定しない。これは一見すると、ビジネスを進める上では合理的な選択に見えます。

ただ、何でも相手の言ったことを肯定できるわけではありません。相手の意見を受け入れて、一時的に話が進んだとしても、またどこかで意見の「対立」が生まれてくるものです。

ですから、ときには反対意見を言う必要に迫られることも出てきます。

みなさんは、このような場合、どう対処していますか。

「クエスチョン法」と呼ばれる話法が効果的です。

クエスチョン法はまず、相手の意見に対して、「確かにそうですね」「おっしゃることはよくわかります」「そういうお考えもありますね」と、肯定的な前置きをしてから、相手に問う形で反対意見を述べる方法です。

たとえば、上司とA案かB案か検討している場面を想像してください。上司はA案を押してきたとします。あなたはB案が断然いいと考えています。

そんな場面でクエスチョン法を使うと次のようになります。

「おっしゃる通りです。ただB案の方も他社に前例がなく、面白い企画と思うのですが、いかがでしょうか」

と、まずは相手を肯定してから、判断をあずける姿勢で質問をします。

人間は心理的に誰でも自分の考えを認めてほしい、否定してほしくない、共感してほしいという感情を持っているので、「クエスチョン法」を使うと相手のプライドも保たれて、話し合いも人間関係もスムーズになります。

そして、**「クエスチョン法」をさらに進化させたのが「BIGYES+クエスチョン法」です。**

これはクエスチョン法より、さらに

クエスチョン法

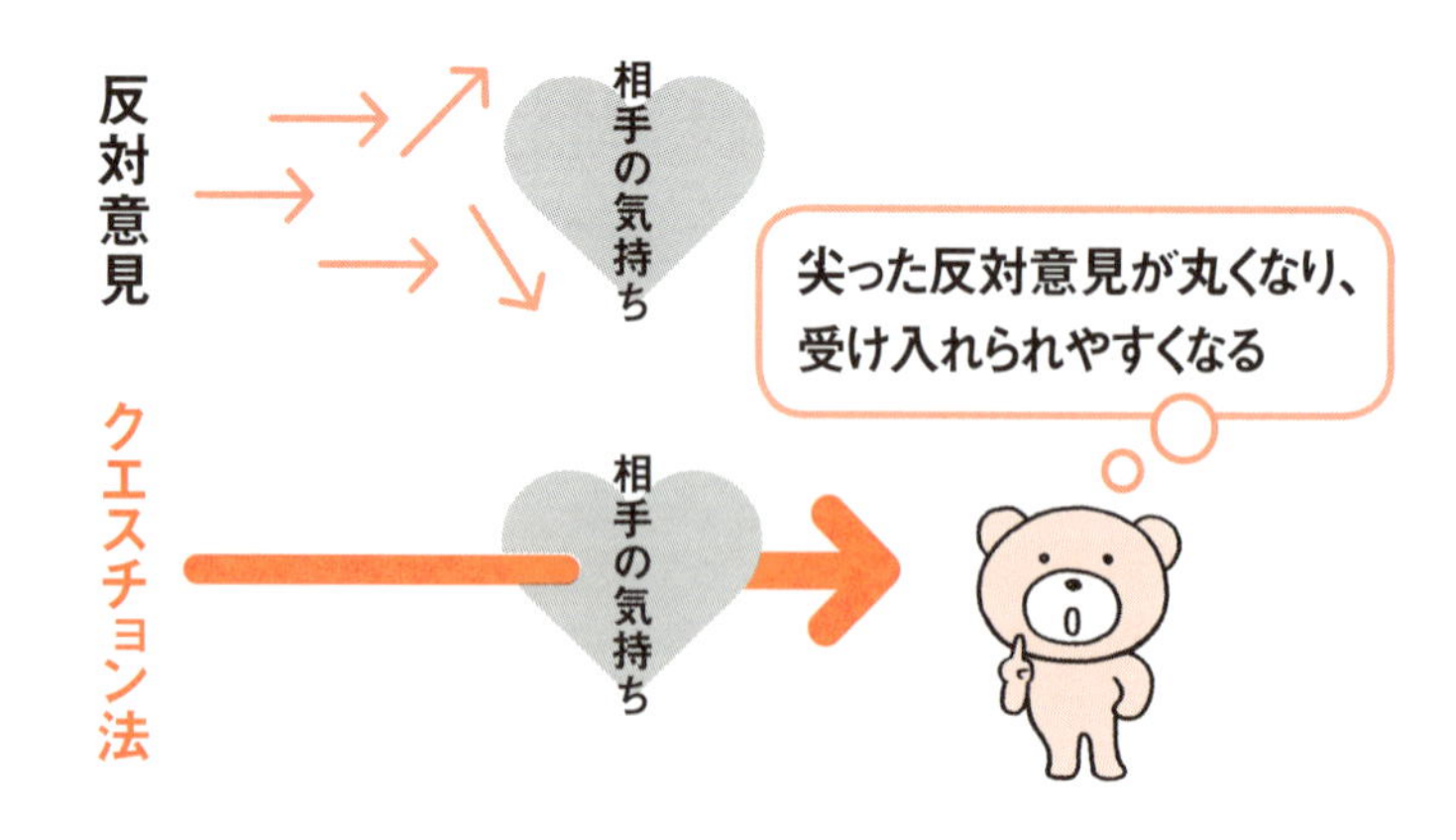

強く肯定的な前置きをつけてから相手に答えをあずける質問を投げかけます。たとえば、さきほどと同じように上司とのやり取りでは、

「はい。確かにおっしゃる通りです。イメージもいいですよね。ただB案も他社に前例がなく、面白い企画と思うのですが、いかがでしょうか」

と、最初の大きな「YES」が、相手にソフトな印象を与え、話し合いがよりスムーズに進むようになります。

BIGYES ＋ クエスチョン法

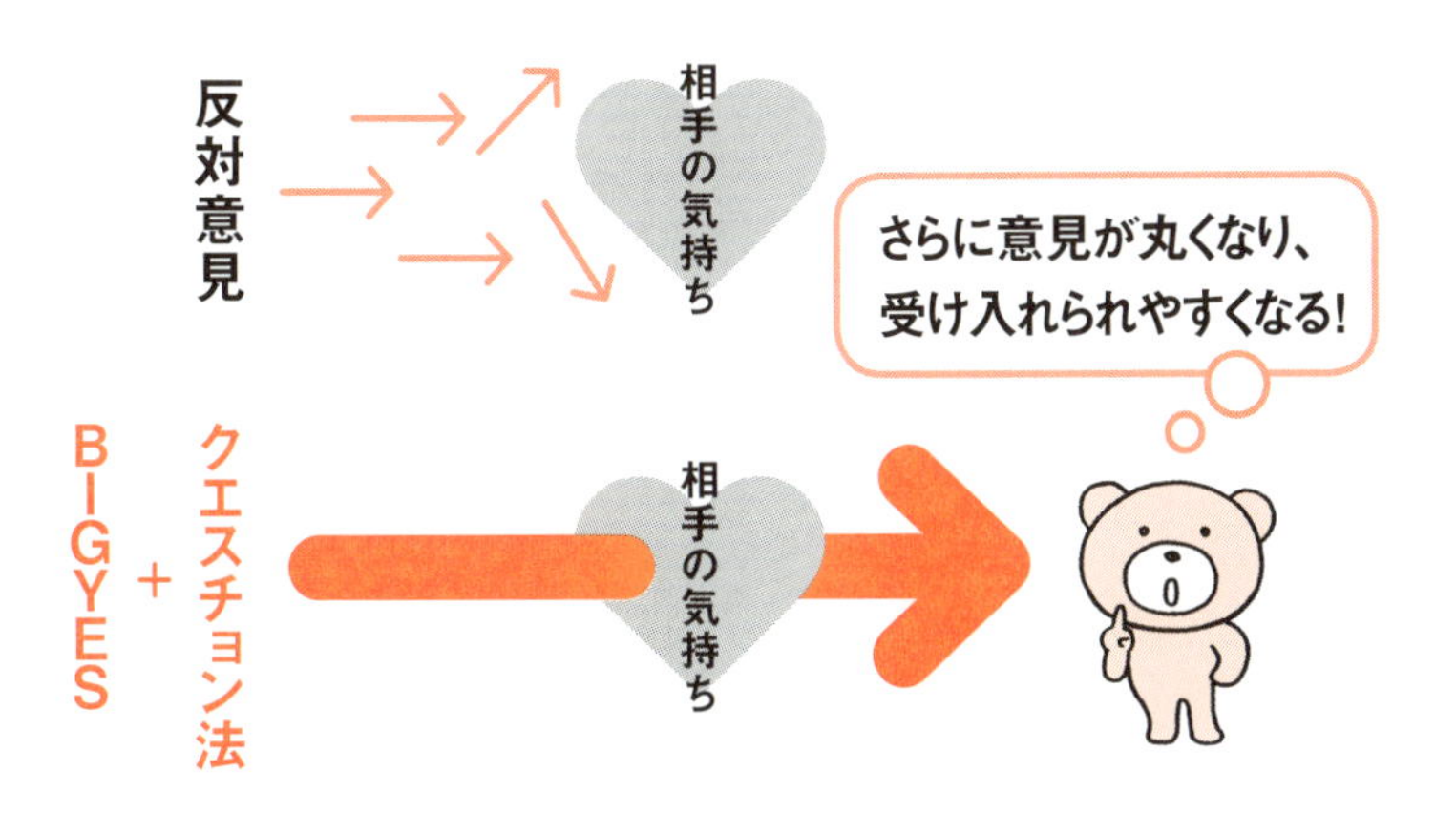

好感度がグッとアップする「クッションワード」

さて、「マイナス＋ダブル・プラス法」「ＢＩＧＹＥＳ＋クエスチョン法」と、できる限りしゃべりたくない人に多い、言いにくいことを伝えられない状況で効果的な方法をお話ししましたが、次は相手に何かお願いをしたり、断りをいれる場合です。

有効なのは**「クッションワード」**です。

クッションワードは、お願いや断わりの言葉の前につけて使用します。相手に対して直接的な表現を避け、丁寧で優しい印象を与えることができます。

次の３つのパターンで、一番印象のいい表現はどれになりますか。

Ａ：「打ち合わせした資料をメールで送ってください」

Ｂ：「打ち合わせした資料をメールで送っていただけますか」

Ｃ：「お手数をおかけいたしますが、打ち合わせした資料をメールで送っていただけますでしょうか」

言うまでもなく、Ｃがもっとも丁寧な印象を受けるでしょう。Ａはやや圧迫感のある表現、Ｂは依頼形なので柔らかい印象にはなりますが、まだ堅い印象が残ります。

依頼・お願いするとき	断るとき
・申し訳ございませんが	・せっかくですが
・恐れ入りますが	・あいにくですが
・差し支えなければ	・残念ながら
・お手数をおかけしますが	・申し上げにくいのですが
・勝手を申し上げますが	・身に余るお言葉ですが
・ご多忙中とは存じますが	・お気持ちはありがたいのですが

クッションワードは同じ依頼事項でも、相手の気分を快に変える力を持った言葉です。この一言を入れて相手に対する気遣いを示すことで、少々急な用事や無理なお願いでも、相手に動いてもらいやすくなるのです。

クッションワードは前項の「ＢＩＧＹＥＳ＋クエスチョン法」と同様、意見に対して異論を唱えたり、依頼を拒否する場合などにも使用することが可能です。「せっかくですが」「身に余るお言葉ですが」のように感謝の気持ちを先に伝えるとやわらかい印象を与えることができます。少し言葉を付け加えるだけで、受け手からは思いやりの言葉と捉えられるのです。

人に依頼したい、お願いしたいことがあるのに、気が引けてしまい、結局頼むことができないときがあると思います。その際は本題の前に**「クッションワード＋疑問形」の形が便利です。**

「お手数ですが、明日まで返信してもらえると助かります。大丈夫でしょうか？」

　効果的にクッションワードを使うことで印象もガラリと変わります。

　ちょっとした気遣いですが、成果をあげる人はこうした表現が自然にできます。

　いかに伝えたら、相手が心を開いてくれるのかを知っているのです。

　人間関係を円滑にするフレーズとして、クッションワードを効果的に活用してください。

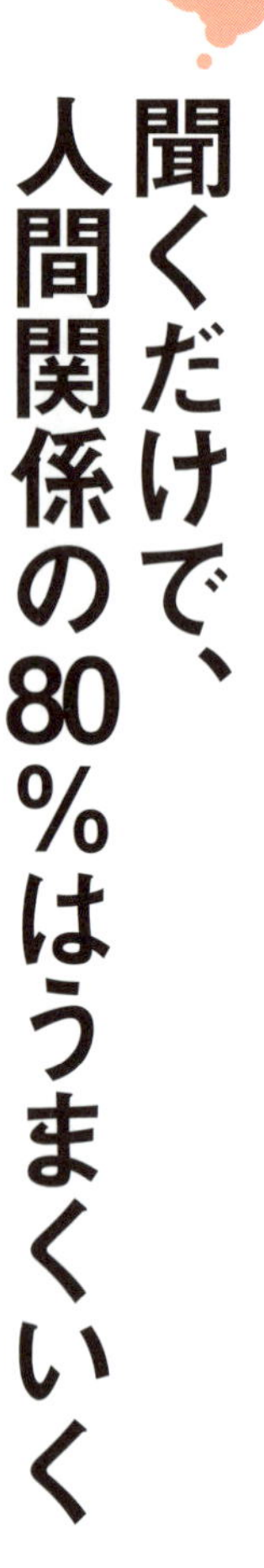

聞くだけで、人間関係の80%はうまくいく

コミュニケーションを取るには、話し方や伝え方だけが大切と考えてしまいがちです。しかし、ここに大きなギャップが潜んでいます。もちろん話し方も大切ですが、それ以上に聞くことが重要だと身にしみる場面に多く出くわします。

特に、話すことが苦手な人にしてみると、聞くことで円滑にコミュニケーションを取れるかどうかは重大な問題ですから、それを可能にしてくれる「傾聴」というスキルは必須と言えるでしょう。

「傾聴」とは読んで字のごとく**「耳を傾けて、熱心に聞くこと」**です。

「そんなこといつもやってるよ」と思われるかもしれませんが、実はほとんどの人がしっかりとした傾聴ができていないのが実情です。自分では熱心に聞いているつもりでも、それが相手に届いてなければ、傾聴とは言えないのです。

誰でも自分の話を聞いてもらうこと、自分の話に興味を抱いてもらうことは心地良く感じるものです。なぜなら話を聞いてもらうことで自己肯定感が高まるからです。そして、自己肯定感を高めてくれる人に対して、好意の気持ちが湧いてくるようになるのです。

ここでは、私がいつも意識している傾聴の効果をより高め、相手に届くようにする**「アクティブ傾聴」**をご紹介します。

アクティブ傾聴は、相手が話すことの意味だけでなく、話の背後にある考えや気持ちを相手の立場で理解することです。具体的なポイントは次の3点です。

①自分が話すよりも、まず聞く

②安心して話ができるホームづくり

③相手のノンバーバル（非言語）な情報を受け取る

①の「自分が話すよりも、まず聞く」というのは、相手の立場になって聞くことに徹すること。相手と自分の話す割合は80対20くらいになるのが理想です。
②の「安心して話ができるホームづくり」というのは、会話の中で相手の話すことに対して「聞いているよ」というのをわかりやすく意思表示することです。具体的には、あいづちやうなずきを返したり、笑顔や真剣な表情をつくったりするなど、話し手が安心できる雰囲気をつくります。
③の「相手のノンバーバル（非言語）な情報を受け取る」というのは、相手の立場になって聞くためのスキルです。表情やしぐさ、目線、声のトーンなど、相手の全身に気を配り、気持ちの深い部分まで読み取ります。
これらを実行して良い聞き手になることで、得られることが3つあります。

1つは、信頼関係が築きやすくなります。人脈が広がったり、お互いに困ったことがあれば助け合えるような深い関係を持つことができるようになります。

もう1つは、相手の気持ちが理解できるようになること。何を話したらいいのか、どのように話をしたら伝わりやすいのかなど、相手に届きやすいコミュニケーションを取れるようになります。

最後は、必要な情報を相手から得ることができることです。アクティブ傾聴で聞き役に徹すると、相手はもっとあなたと話したいと思うようになり、今まで以上に貴重な情報やアドバイスなどをもらえるようになります。

『人を動かす』『道は開ける』(共に創元社)の著書を持つ、世界的なコミュニケーションの大家デール・カーネギーも**「人の話を聞くことにより、人生の80%は成功する」**と言っています。

これは、私も含め、話すことが苦手な人にとっては心強い言葉ですね。

①自分が話すよりも、まず聞く
②安心して話ができるホームづくり
③相手のノンバーバル(非言語)な情報を受け取る

・信頼関係が生まれる
・人の気持ちがわかるようになる
・必要な情報を得られるようになる

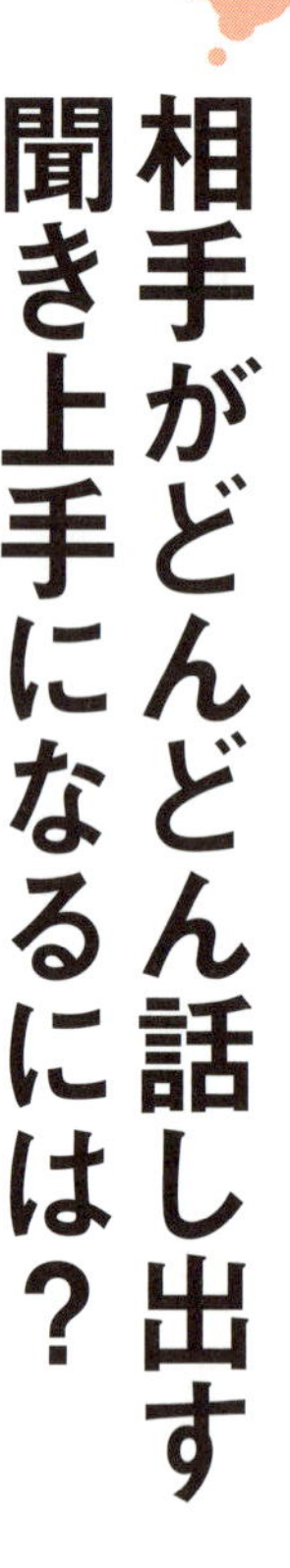

相手がどんどん話し出す聞き上手になるには？

前項では、会話における相手と自分の話す割合は、80対20が理想的だとお話ししました。でも、相手がそんなに話してくれるかどうかわからないという人もいるでしょう。

ここでは相手に「話したい」と思わせる聞き上手のテクニックをいくつかお伝えしていきたいと思います。

聞き上手になるためには、相手の話し方や状態、呼吸などを合わせることが大切になります。これは、ＮＬＰ（神経言語プログラミング）というコミュニケーションスキルの一部で、おおよそ次の3点に集約されます。

①相手の動作（ボディ）に合わせる
②言葉（ワード）を合わせる
③呼吸（ブレス）を合わせる

まず①の「相手の動作（ボディ）に合わせる」は、「ミラーリング」と呼ばれるもので、動作や身振り、姿勢や表情などを相手に合わせる方法です。相手とボディランゲージを合わせていくことで、心理的に相手が好意を抱くようになります。

ポイントは、すべての動作を合わようとし過ぎず、相手の話をよく聞き、自然な形で相手の動作に合わせると受け入れられやすくなります。たとえば、一緒に食事をしているときは、相手が食べたら自分も食べる、相手が飲んだら自分も飲むというような具合です。

②の「言葉（ワード）を合わせる」というのは、相手の言葉を復唱することです。

たとえば、相手が「今日は暖かいですね」と言ったら、「暖かいですね」と返し、「最近疲れ気味なのです」と言ったら「疲れ気味なのですね」という具合に、相手の言った内容を繰り返します。

相手の言葉を繰り返しながら時折、「なるほど」「そうなんですね」などのあいづちや、「詳しく教えてください」「それでどうなるのですか」などの言葉を加えると、さらに相手は話を続けやすくなります。

また、言葉を合わせるとともに、声の大きさや高さ、口調などを合わせるのも1つのポイントです。

③の「呼吸（ブレス）を合わせる」は、息を吸ったり、吐いたりするタイミングを相手と合わせることを指します。相手と呼吸を合わせることで、不思議と信頼関係が生まれるのです。

仮に、あなたが営業の立場だとしましょう。取引先の人が話をしているときは、息を吐きます。言葉を発しているときは息を吐いていますから、相手が話しているときは自分も同じように息を吐きます。呼吸を合わせることで、話し方や声の大きさ、テンションなどが合うようになってきます。

最初は慣れないでしょうし、本当に効果があるのかと思われるかもしれませんが、続けていくことで、しだいに当たり前のようにでき、お互いに話しやすい雰囲気をつくり出すことができるようになります。

話しやすい雰囲気をつくれば、深い話につながります。そういう深い話には、相手との関係性を深めるヒントのようなものが必ずあります。ぜひ、意識的に毎日の仕事にも取り入れてみてください。

聞き上手の極意は・・・

①相手の動作（ボディ）に合わせる
②言葉（ワード）を合わせる
③呼吸（ブレス）を合わせる

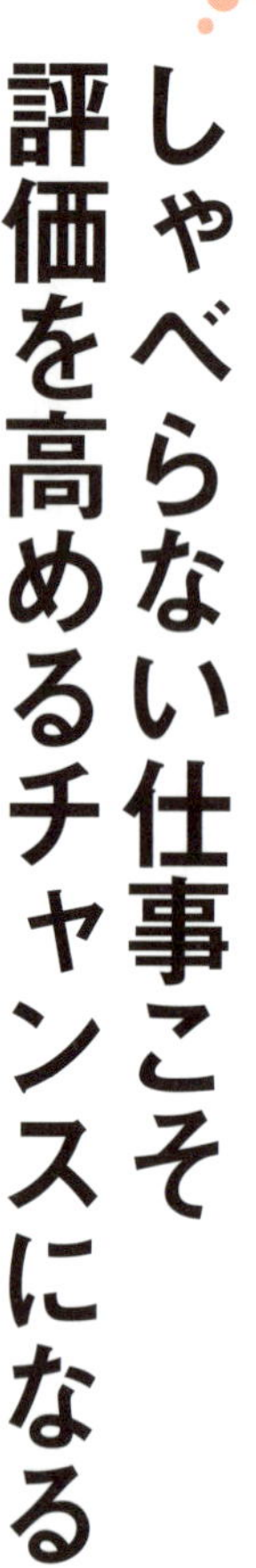

しゃべらない仕事こそ評価を高めるチャンスになる

仕事ではどういった形であれ、担当の業務について上司に報告する機会があるかと思います。できる限りしゃべらずに円滑に仕事を進めるには、この機会を大切にしましょう。

最近は一人当たりの業務の量が以前に比べて増加している傾向にあり、それらをこなすだけで精一杯という人も多いでしょう。そのため日報や週報、会議の議事録など、定期的に提出を求められるものに対して手を抜いてしまいがちになっていないでしょうか。人によってはちゃんと仕事をやっているから面倒だと、提出せずにスルーしてしまう人もいます。

ですが、部下が思っている以上に上司はそういった報告書をしっかり読んでいて、内容について記憶しているものです。特に上司がコミュニケーションを取るのが苦手だったり、上司自身もたくさんの業務を抱えているため、部下とのコミュニケーションに割く時間が取れなかったりする場合、日報などの**報告書は重要なコミュニケーションツール**になります。

現場で何が起こっているのか、取引先から何を求められているか、本人が何を考えているかなど、日報や週報の文章から現場の空気を読み取ろうとしているのです。

ですから、日報や週報を面倒くさがっている、手を抜いているのは、すぐに上司に伝わることはもちろん、仕事に「情熱」を傾けているかもわかるのです。

上司にアピールするのが得意ではない人にとって、**しゃべらないで伝えることができる報告書は想像以上に威力を発揮します。**

報告書で上司の信頼を勝ち取るには3つのポイントがあります。

最初に心掛けるのは、**「必ず期限どおりに提出する」**こと。

当たり前と思われるかも知れませんが、「何かと理由をつけて期限を過ぎてから提出しているかも」と心当たりがある人は気をつけましょう。どんなに優秀な人でも期限を守れないと必ずどこかで損をします。たとえば、上司が成績が同じくらいの二人のどちらかを昇進させるか選ぶ場合、落とされるのは期限の守れない人の可能性が高いのです。

2つ目は**「簡潔な文章を心掛ける」**こと。

だらだらと長い文章は避け、まず結論を簡潔な文章で伝えます。詳細な説明がなければ通じないことであれば付け加えます。そのときも箇条書きにして書くなど、できるだけ短くて読みやすい文章を心がけましょう。

3つ目は、報告と一緒に**「自分の意見を加える」**こと。

「○○商事の売り上げが前年並みに推移している」「商品Aは首都圏を中心に売れている」「○○チェーンの○○バイヤーが異動」などは実際起こっている事実に対しての報告です。こういった事実に対する意見や分析を加えてみてください。

たとえば、「商品Aは首都圏を中心に売れている」という事実に対して、「首都圏はこの1週間平均気温が20度を超え、20代のドリンク愛用者を中心に10%売り上げが伸びたためと推察する」などと付け加えます。

上司はその意見が正しいか、間違っているかを見ているのではなく、あなたがどのような「視点」を持っているか、どのような考えで業務に取り組んでいるかを見ています。

この3つのポイントを押さえた報告書の積み重ねが上司からの評価につながり、さらに成長の機会を与えられる契機になっていくのです。

もし営業会議などで議事録自体存在しない場合は、自ら担当に名乗りを上げるチャンスです。議事録作成のポイントとして、会議での発言や決定事項などの事実だけでなく、事実に対してあなたの「視点」を少し加えて作成してみてはいかがでしょうか。

一般的に裏方と思われる仕事で気のきいたことができると、上司にすると「細かいこともしっかりできる人」という印象を持ち、評価が高まります。

無言で100%信用される見た目力アップ術

　会社の昇進試験、就職試験の面接で受かる人と落ちる人がいるのはなぜでしょうか。もちろん相手に自分の魅力をうまく伝えられたかどうかも関係ありますが、実は「見た目」も面接の結果を左右しているのです。

　みなさんは**「メラビアンの法則」**をご存知でしょうか。アメリカの心理学者アルバート・メラビアンが提唱したもので、初対面の相手への第一印象は、会ってからの5秒ほどで決まり、その判断材料は服装や表情、しぐさ、視線などの見た目、つまり視覚情報が55パーセントを占めているという法則です。

　ちなみに、話の内容や言葉の意味などの言語情報は7パーセント、声の質や大きさ、話し方などの聴覚情報が38パーセントですから、この法則はしゃべらない仕事術を実践したいと思う人にとって大きな後ろ盾となります。

さて、見た目で気をつけることは3つです。

まっさきに取り組むべきは身だしなみで、**キーワードは「清潔感」**。

一般的に相手がまず視界に入れるのは顔です。ですから、髪型には注意を払ってください。相手に不快感を与えない髪型がポイントです。男性でも女性でもおでこを出すと、清潔感があるように見られると言われています。

髪型の次は、服装です。

清潔感のある色や柄を選ぶこと。色は白や薄いブルー、柄については太いストライプのものなどはできるだけ避け、無地やうっすらとストライプが入っている程度のものがおすすめです。よれよれのスーツやしわしわのシャツはもってのほか。しっかりとアイロンがかかっているパリッとしたものを身につけましょう。

それと、靴やカバンも見ている人は見ていますから、ボロボロなものは避けましょう。

見た目で気をつける2つ目のポイントは、**姿勢**です。

姿勢は見た目に大きく影響します。せっかく髪型や服装がよくても、姿勢が悪いと、イメージダウンしてしまいます。姿勢が悪い人に多いのは猫背ですが、猫背だと老けて見えたり、やる気がなさそうとか、疲れてそうという印象を持たれたりします。さらに体形も崩れ、肩こりや腰痛にもつながります。たかが姿勢と侮ってはいけません。

キレイな姿勢を保つコツは、顔だけをあげるのではなく、骨盤を立て、15メートル先に視線を合わせます。横から見て、耳、肩、腰、くるぶしが一直線に並ぶように意識しましょう。

自分自身ではなかなか把握しにくいので、鏡でチェックするのもいいですが、家族や周りの人に見てもらいましょう。

そして、見た目の3つ目のポイントは、**笑顔**です。

清潔感ある身だしなみ、姿勢について述べてきましたが、この2つよりも影響力が大きいと言っても言い過ぎではないでしょう。

笑顔は相手の心を開き、好感を抱かせる効果がありますが、どうしても笑顔をつくるのが苦手という人もいます。ですが、あきらめる必要はありません。笑顔はコツをつかめば誰でも簡単につくることができるので、鏡の前で練習しみてください。ポイントは、

・口角を上げる
・上の歯を見せる
・やさしい目つきを心がける

清潔感ある身だしなみ、姿勢、笑顔の3つを磨いて、しゃべらなくても好印象を残す見た目力を身につけてみてください。

①身だしなみ
②姿勢
③笑顔

しゃべらなくても好感度がグッと上がる!

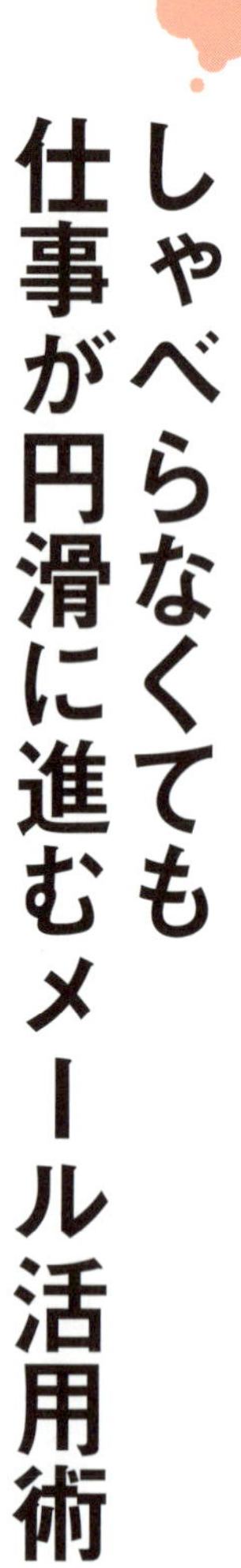

しゃべらなくても仕事が円滑に進むメール活用術

できる限りしゃべらずに仕事を進める上で欠かせないもの、それはメールです。メールで仕事を円滑に進めるコツは、次の3点です。

①文章は短めに、要点を明確に、読みやすく
②直接言いにくいことはメールで伝える
③熱意、感情は３割増しで伝える

①の「文章は短めに、要点を明確に、読みやすく」を意識したメールを心がけると、「仕事ができる」という印象を与えることができます。

「メールでもちゃんと伝わるように」と思うあまり、長文になっているメールを見かけることがありますが、文が長くなると要点がわかりにくく、余計に伝わりにくくなってしまいます。

「文章は短めに、要点を明確に、読みやすく」を意識したメールにするためには、**結論を先に書くことがポイントです。**「相手に最も伝えたいこと、知ってほしいこと」から書いて、次に「理由」。そして、必要であれば詳細という順にメールを書くと、相手が理解しやすい文章になります。

また、件名には「打ち合わせについて」とあいまいに書くよりも、「5月15日商品企画会議の進捗打ち合わせについて」など、内容が想像できるくらい具体的に書くと、メールが開封されるスピードが上がります。

②の「直接言いにくいことはメールで伝える」は、断りにくい依頼や催促、お誘いなどを受けたときの断りメールです。

せっかくのお誘いなどを断るのは気が引けるものです。内向的な性格の人がもっとも苦手とすることの1つではないでしょうか。

まずは、依頼や誘いに対して感謝の気持ちを伝えましょう。

次に断る理由をきちんと伝えることが大切です。あいまいな表現を使わずに、参加できない理由を伝えます。

理由の冒頭には、「残念ですが」「せっかくのお誘いですが」「お心遣いはうれしいのですが」「お気持ちはありがたく頂戴しますが」など、**クッションワードを付け加えると、マイナスイメージをやわらげる効果があります。**

そして、最後に「次は参加したいので誘ってください」など、フォローの言葉を忘れずに。相手との関係性を壊さず持続していくことができます。

③の「熱意、感情は3割増しで伝える」は、熱意、感情を内に秘めているのに、表現するのが苦手で損をしてしまう人におすすめの方法です。

メールは直接話をすることに比べて表情が見えないため、熱意や感情という思いの深さが伝わりにくくなります。**気持ちをメールでわかってもらいたい場合、**

普段のメールの「3割増し」を意識して伝えてみてください。

ただし、マイナスの感情は「3割増し」にしないように。あくまでプラスの感情に限ります。

相手によりますが、驚きや喜びを表す際には絵文字や顔文字を使ってみたり、「!」の記号などを活用するのも効果的です。

メールは口ベタで気持ちを伝えることが不得手な人にとって、ビジネスでもプライベートでも活用できる最強のツールですから、テクニックを磨き続けましょう。

できると思われる人のメールの極意

①文章は短めに、要点を明確に、読みやすく

②直接言いにくいことはメールで伝える

③熱意、感情は3割増しで伝える

Check!

ギャップの法則

- ☑「3秒の沈黙」「2つのメリハリ」でインパクトを与える
- ☑売ろうとする営業をやめると、信頼が生まれ、結果がついてくる
- ☑最悪の結果を想定しておくことで、最悪の結果から逃れることができる
- ☑みんなの憂鬱を吹き飛ばす「マンデー・モーニング・メール」を送る
- ☑「マイナス＋ダブル・プラス法」「BIG YES＋クエスチョン法」「クッションワード」を使って印象を良くする
- ☑「アクティブ傾聴」で人の話を聞くと、相手の信頼・好感を得られる

第3章

観察の法則

俯瞰の視点で仕事が円滑に進む！　良好な関係をつくる！

合わない上司でも困らないコツ

職場にはいろんな人がいます。当然あなたと気の合わない人もいるでしょう。部署が違ったり、普段の業務でからむことがなければ気にすることもありませんが、直属の上司となるとそうはいきません。

仕事の進め方ひとつとってみても、上司の好みに合わないと衝突が起こる可能性があります。

できる限りしゃべりたくないと考えている、どちらかというと内向的な人は、こういった悩みを内に抱え込んでしまう傾向が強く、だんだんと仕事のパフォーマンスにも影響が出てくるようになります。

合わない人に出くわすたびに転職するわけにもいかないし、かといってどちらかが異動するまで待つわけにもいかない。こういった場合、どのように対処したらいいのでしょうか。

大切なことは、**気が合わない上司の「ツボ」をよく観察すること。**

何に興味や関心を持っているか、部下とどういう接し方をするか、どういったときに怒るのかといったアンガーポイントまでを分析し、見極めるのです。

気が合わない上司でも何の支障もなく仕事で結果を出すために見極めるべきツボは3つあります。

まずは、**ほめポイントとアンガーポイント。**

たとえば、「結果だけでなく普段のがんばりをほめてくれる」「同じミスを繰り返したら怒る」「報告が遅れるとカミナリが落ちる」など、**自分だけでなく同僚たちも含め、どういったときにほめられ、怒られるのかを観察し、そのポイントをしっかり押さえるのです。**そこだけはハズさないように努力します。

2つめは、**最終イメージの一致**です。

上司から良い評価を得るためには、上司と最終イメージを共有して上司の考え

るイメージと一致させることが必要です。

仮に営業部であれば、取引先に何を基本軸に提案するのか。どのような資料を作成して提出するのか。それによって結果が左右されるような場合、上司に相談して最終イメージをしっかりすり合わせましょう。

このすり合わせがないと、たとえ良い結果になったとしても上司は面白くないと感じるでしょうし、良い結果にならなかった場合には、上司として責任を取ろうとは思えなくなるでしょう。こうなってしまうと、その後の仕事にも大きく影響してしまいます。

3つめは、**上司主導タイプか、権限委譲タイプか。**

上司のなかにも上司主導タイプ、権限委譲タイプの2種類のタイプがあります。上司主導タイプはプロジェクトの進め方を部下に任せずに、上司自身が主導権を握りたがるタイプ。権限委譲タイプは、部下に権限を委譲し、ある程度自由に動かせてくれるタイプです。

上司主導タイプはこまめな報連相を重視します。メールで十分という人もいれば、重要なことは必ず対面で話すことを求める人もいるので、そこまで観察する必要があります。

権限委譲タイプは、報連相は最低限にとどめ部下に任せるスタイルですが、業務のある部分だけはゆずれないというポイントがあります。そのポイントを見極めておきましょう。

もしわからなければプロジェクトの開始時に「どの部分が重要でしょうか」と直接確かめるのも1つです。

十人十色。人間性が合わないという場合もあるかと思います。不必要なトラブルを避ける意味でも、最低限必要なコミュニケーションは、きちんととることがまず大切です。

しゃべらない雑談力①「メンタルアドバンテージ法」

できる限りしゃべりたくない人にとって苦手なのが雑談です。

会話が続かないため、気まずい沈黙にたえられないという理由から雑談を苦手と感じてしまう人が一番多いようです。第2章で、沈黙が気まずいのはお互いさまで、沈黙を必要以上に恐れる必要はないと述べました。

まずは、このマインドを心に留めてください。その上で、ここからは3項目に渡って、流暢な話術以外の方法で相手に好感を抱かせる雑談のコツをお伝えしていきます。

さて、あなたは知っている人と会ったり、廊下ですれ違ったときなど、あいさつを欠かさずできていますか。

たかがあいさつと考えてはいけません。あいさつは単なるコミュニケーションの1つではなく、会話においても重要な役割を果たしています。あいさつはコミュニケーションのはじまり、つまり円滑な人間関係をつくるきっかけでもあるのです。

あいさつの基本は何といっても自分から先にすることです。

「挨拶」という単語には、「心を開いて相手に迫る」という意味がありますが、先にこちらが心を開いて語りかけることによって、相手にも心を開かせ、会話の主導権を握ることができるのです。

ですから、相手からのあいさつを期待して待っていてはいけません。**先手を打って、心理的に有利な立場に立つこと。私はこれをしゃべらない雑談力の1つ、「メンタルアドバンテージ法」と呼んでいます。**

なぜ、ここまであいさつを先にすることにこだわるのか。雑談が苦手な人は、「自分から話しかけるのってすごく勇気が必要なんだけど・・・」という人も多いでしょう。

しかし、それでなくても雑談が苦手な上に、先に相手にあいさつされて主導権を握られてしまっては、結局これまでと何も変わらず、自分の良さを少しでもわかってもらう機会を逸してしまうかもしれません。

特に相手が目上の人だったりすると、先に挨拶されたことに恐縮してしまい、会話が続く間ずっと「先に挨拶させてしまった」と気にしてしまう人もいます。

職場では、新人はもちろん管理職以上の役職でも、しゃべらない雑談力を実践するときには、先にあいさつをすることで会話の主導権を握ることが先決です。

主導権を握ったら、後は簡単です。質問を繰り出すだけです。

会話は、基本的には聞き手側が主導権を握っています。

ですから、たとえば、

「おはよう」

「あ、おはよう」

「昨日のサッカー日本代表すごかったよね。見た？」

というように、相手の返しのあいさつの後、間髪入れずに質問を重ねることで、相手にしゃべってもらうことを中心にした会話にできるのです。

できるだけしゃべらなくても雑談を成立させるために、メンタルアドバンテージ法をはじめてみてください。

また、もし相手が誰か他の人とすでに話していたり、電話中だったりする場合は、会釈をしましょう。声を発しない会釈の場合、表情がとても大切になります。相手の目を見てアイコンタクトを交わし、心を込めてあいさつすることで好印象を与えることができます。

あいさつは
先手必勝!

メンタルアドバンテージ法で
会話の主導権を握る!

しゃべらない雑談力②「ワンヴォーグ法」

メンタルアドバンテージ法で雑談の主導権を握ったら、次に必要なのはスムーズに雑談を進める方法です。

雑談力の大事な要素と言えば、やっぱり雑談のネタでしょう。相手の興味関心のあること、趣味、生活の嗜好などによって、どのネタを振れば会話がはずむかが変わってきます。

そこで役立つのが**「ワンヴォーグ法」**です。

ワンヴォーグ法とは、1つ、またはそれ以上の事柄を毎日欠かさずにチェックしておくことです。

幅が一番広がるのは、さまざまな分野の情報が得られるものです。たとえば、新聞やヤフーニュースなどは、情報量がとにかく豊富です。これらの情報源を日常的にチェックすれば、いろいろな分野の話題をバランスよく増やすことができるでしょう。

最近では世の中の関心が高い記事が整理されているキュレーションサイトや、自分が関心のある分野の情報だけをまとめてくれる便利なアプリもあります。

これらの登場によって効率的に情報を集めることができるようになっただけでなく、得意分野をつくることが以前より手軽にできるようになりました。得意分野があると、相手にもの知りだと思ってもらえたり、もし相手も同じ分野に興味を持つ人であれば、話がはずむこと間違いありません。

また、仕事に関わる雑談のネタを必要とする場合、専門的なニュースサイトや業界の気になる人、有名な経営者のブログなどからも情報を得られます。

仮に雑談する相手が最初からわかっている場合には、当然ですが相手の興味関心のあることを事前にチェックしておきましょう。たとえば、営業で取引先を回る場合は、雑談のネタも大切ですが、相手の会社の商品や業績、サービス内容など基本情報は押さえておく必要があります。

さて、雑談のネタ集めについていくつかご紹介しましたが、「そんな時間ないよ」と感じた人もいるのではないでしょうか。しかし、情報源の一字一句すべてを読み込む必要はありません。最初はサッと読み流す程度でもいいのです。まず**情報に触れることを習慣化することが大切です。習慣になれば、自分が興味を持っている内容は自然と頭に入ってくるようになります。**

ワンヴォーグ法を毎日続けるにはコツがあります。それは、すでに習慣にしていることと合わせて、「ながら」ではじめることです。

たとえば、スタンダードなのは毎日の通勤時間にスマートフォンなどで最新の話題やニュースをチェックすることです。通勤電車では寝たり、スマホのゲームをしたりする人も多いですが、通勤は情報収集するにはもってこいの貴重な時間です。ぜひ、上手に活用してください。

また、朝起きたらテレビやラジオをつけて、耳で聞きながら朝の支度をするのも習慣化するいい方法です。

笑福亭鶴瓶さんは20歳のときからずっと日記をつけていて、トーク番組で話すネタは日記から生まれてくるそうです。

しゃべることが仕事で、大ベテランの芸人さんでもこれだけ努力をしているのです。みなさんもワンヴォーグ法をぜひ実践してみてください。

毎日欠かさず
情報をチェック!

ワンヴォーグ法でネタを集めて
相手にしゃべってもらう!

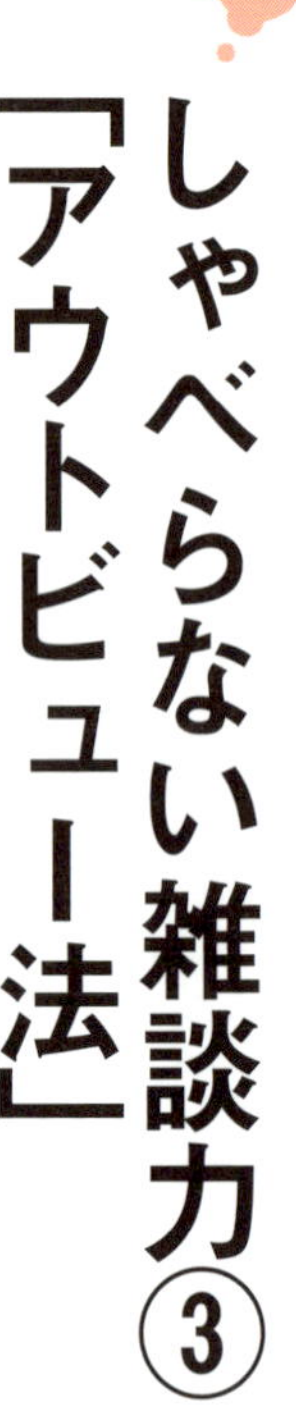

しゃべらない雑談力③「アウトビュー法」

メンタルアドバンテージ法で会話の主導権を握り、ワンヴォーグ法で集めた情報から質問を繰り出し、相手にしゃべってもらう。実は、今まで説明した2つの方法だけでもスムーズに雑談をこなすことができます。

ただ、しゃべるのが苦手な内向的な人のなかには、緊張で頭が回らなくなってしまう人もいます。ですから、そういった人のために緊張せずに雑談をする**「アウトビュー法」**が3つ目のしゃべらない雑談力になります。

アウトビュー法は、相手と視線をあわさないで会話をする工夫です。

人は他の人と向き合うとき、平均すると2〜3秒ほど視線を合わせて、その後

1秒ほど外すという動作を繰り返しています。ただ、この動作には個人差があります。外向的な人ほど視線を合わせる時間が長く、内向的な人ほど視線を合わせる時間が短い傾向があるのです。

相手の視線を合わせる時間が長いと、自分に興味や好意を持っていると感じます。逆に、視線を合わせる時間が短いと、自分に関心がない、自信がないという印象を持ちます。

ですから、本来は相手の目を見て話すことが基本です。目の周りに視線を送りながら、目と鼻の間、もしくは顔全体を見るのがおすすめです。そうすることで相手にもやわらかい印象になります。これでも緊張してしまう人は、アウトビュー法を活用します。

まず、周りのモノに話題を移し、それを自然に見ることで、相手との視線を合わせないようにします。ビジネスの場面であれば、名刺やネクタイなど、相手の身の周りのモノや、風景に話題を持っていきます。

たとえば、雑談の鉄板ネタである天気の話題は、アウトビュー法と相性が抜群です。

「今日は気持ちよく晴れてよかったですね」

「雨、やみそうにありませんね」

などというような話をしながら、空を見渡したり、窓の外を眺めたりすると、自然に視線を外すことができます。

視線を外すときに一番やってはいけないのは、相手と目が合った瞬間に下を見て視線をそらすことです。「目は口ほどにものをいう」ということわざがありますが、これをしてしまうと、相手に悪い印象を持たれてしまいます。


次に、話す相手との位置関係についてです。

多くの場合、対面しながら話をすることになると思います。ただお互いに対面して話をするのは、心理学的にいうと対決のポジションとなり、必要以上の緊張感を強いられているのです。

可能であれば、対面する場合でも真向かいに位置するより、斜め45度の位置関係で話すようにしましょう。すると、自分にとっても相手にとっても心理的なプレッシャーが軽くなります。

- **メンタルアドバンテージ法**
- **ワンヴォーグ法**
- **アウトビュー法**

この3つの方法をものにすれば、雑談は以前より必ず怖くなくなり、余計な不安を感じることもなくなります。

今日は気持ちよく
晴れてよかったですね

ホントですね～

**アウトビュー法で視線をズラして
緊張とサヨナラしよう!**

会議はしゃべらないほど すぐ終わる

日常繰り返し行われる会議や打ち合わせ。できる限りしゃべりたくない人にとってこれほど苦痛な時間はありません。

「しゃべらないと評価されないだろうし・・・かといって、大人数の前でしゃべるのは苦手だし・・・」という人も多いのではないでしょうか。

しかし、悩む必要はありません。

実は、上司からの評価が高くて仕事ができる人のなかには、ほとんどしゃべらずに短時間で会議の目的を達成してしまう人がいます。

しゃべらない会議にするためのポイントは、事前の行動です。主なポイントは次の3つになります。

①会議の目的をはっきりさせる
②キーマンとのすり合わせ
③会議をスムーズに進行する準備

まずは、**①会議の目的をはっきりさせる、つまりゴールを設定すること**です。何を決める会議なのかは参加者であれば、通常は知らされているはずなのでわかっていると思いますが、もし、今ひとつはっきりしない場合は、会議の議長や意思決定する人に確認をしましょう。

目的、ゴールがはっきりしたら、次は**②キーマンとすり合わせ**をします。

会議は何らかの決定をする場であるにもかかわらず、ダラダラとあてもない、こうでもないと散々時間を費やした挙げ句、結局何も決まらない会議をよく見かけます。こうなってしまう理由は、1つは会議の仕切り役が上手ではないという点もありますが、たいていは事前のすり合わせをしていないためです。

目指すべきゴールにたどり着くためには、周囲の理解と合意が不可欠ですから、誰が参加するかというのは重要なファクターの1つになります。

事前に配布されるアジェンダ（議題などが書かれている資料）に参加者が記載されていますから、そのなかで周囲の合意を得るために重要な人物、つまり誰がキーマンかを探し出します。

そして、**事前にキーマンに意見や提案を見てもらい、ゴールへの道をヒアリングしておきます。キーマンと事前にゴールを共有できてしまえば、会議は非常に楽になります。**

注意するべき点は、会議によってはキーマンは一人ではないという点でしょう。会議の内容が多岐にわたったり、部署間での意見の対立がある場合などは、キーマンが選定しにくいケースもあります。

「できる限りしゃべりたくないのに複数のキーマンとの事前にすり合わせるなんて本末転倒じゃないの？」と思う人もいるかもしれません。でも、会議で四方八方から突っ込まれたときのことを考えてみてください。1対1で話ができるキーマンとの調整のほうが、どれほど楽か想像するのは難しくないと思います。

ここまでくれば、ほぼ準備は完了したも同然ですが、最後に**③会議がスムーズに進むように事前に資料にまとめ、会議前に参加者全員に配り、「何かあれば会議前にフィードバックをください」などと伝え、目を通してもらいましょう。**

当然ですが、会議ではキーマン以外の人からの反対意見も考えられます。キーマンとのすり合わせがうまくいっていれば、キーマンが味方になってくれるのでひっくり返ることはそれほどないでしょうが、会議の場で激しい意見のやり取りに発展する可能性もあります。

そうなってしまっては、しゃべらない会議の苦労が水の泡になってしまうので、一応キーマン以外の意見も事前に耳に入れられるようにしておくことは、しゃべらない会議実現のためには必要なことと言えます。

ですから、資料に目を通してもらってフィードバックをもらえるくらいの時間的余裕を持って、会議の準備をしてください。

しゃべらなくても親しみを持たれる「3つのA」

しゃべることが苦手な人は、自分を表現することが下手な傾向にあります。

しかし、人間関係が仕事に与える影響は結構大きなものですから、上司や取引先と親密な仲とまではいかなくても、良好な関係を築き、親しまれる存在になれるような意識を持っていなければいけません。

この本の読者にはもっとも苦手なことかもしれませんが、しゃべらずにできると言ったらどうでしょう。しゃべらずに親しみを持たれる存在になるため、少なくとも押さえておきたい点は次の3つです。

「あいさつ、あいづち、愛嬌（あいきょう）」

頭文字が3つとも同じなので「3つのA」と覚えてください。

まず1つ目、「あいさつ」です。

環境変化の激しい現代では、人事異動でまったく関係のない部署の人が、明日から自分の上司になるケースも頻繁に起こっています。言葉すら交わしたことがない人が上司になることも珍しくはありません。

あいさつは先手を打つことが大事だと別の項でも書きましたが、いつも自分からあいさつをすれば顔を覚えてもらえて、親近感を抱いてもらうことができます。

声を出さないで、会釈だけでも結構ですが、しっかり相手の目を見ることをお忘れなく。知らない人と廊下ですれ違ってあいさつされても、イヤな気持ちになる人はいません。

2つ目は「あいづち」です。

人は誰しも「自分のことを受け入れてもらいたい」という自己承認の欲求があるので、話を聞いてくれて、自分に共感してくれる相手には親しみや好感を抱き

ます。

あいづちを上手に使うことができると、しゃべらなくても会話を盛り上げることができます。

あいづちの基本は、会話の内容に合わせて、「なるほど」「すごいですね」「そうなんですね」などと、うなずいてあげること。抑揚をつけると、話しているほうも盛り上がります。

また、「なるほど、○○ということですね」と、あいづちにコメントを加えたり、「なるほど、では○○というのはどういうことですか?」と質問を加えたりすると、会話にリズムが生まれ、相手も気持ちよく話を続けることができるようになります。

3つ目は「愛嬌」です。

あなたの周りにも「無茶を言うけど憎めない」「手伝ってやるかという気にさせられる」という不思議と周りの協力を得てしまう人はいませんか。

パナソニックの創業者、松下幸之助さんも成功する人やリーダーの条件に「愛嬌が大事」と話していたそうです。愛嬌がある人の共通点は、2つ。

・素直なこと
・笑顔

20～30代の若手にも、40～50代のリーダー層にも、愛嬌は武器になります。いつでも素直さと笑顔を忘れないこと。そうすれば親しみを持って周りは惜しみない協力をしてくれるようになるでしょう。

「3つのA」、しゃべるのが苦手でもまずは続けてみてはいかがでしょうか。

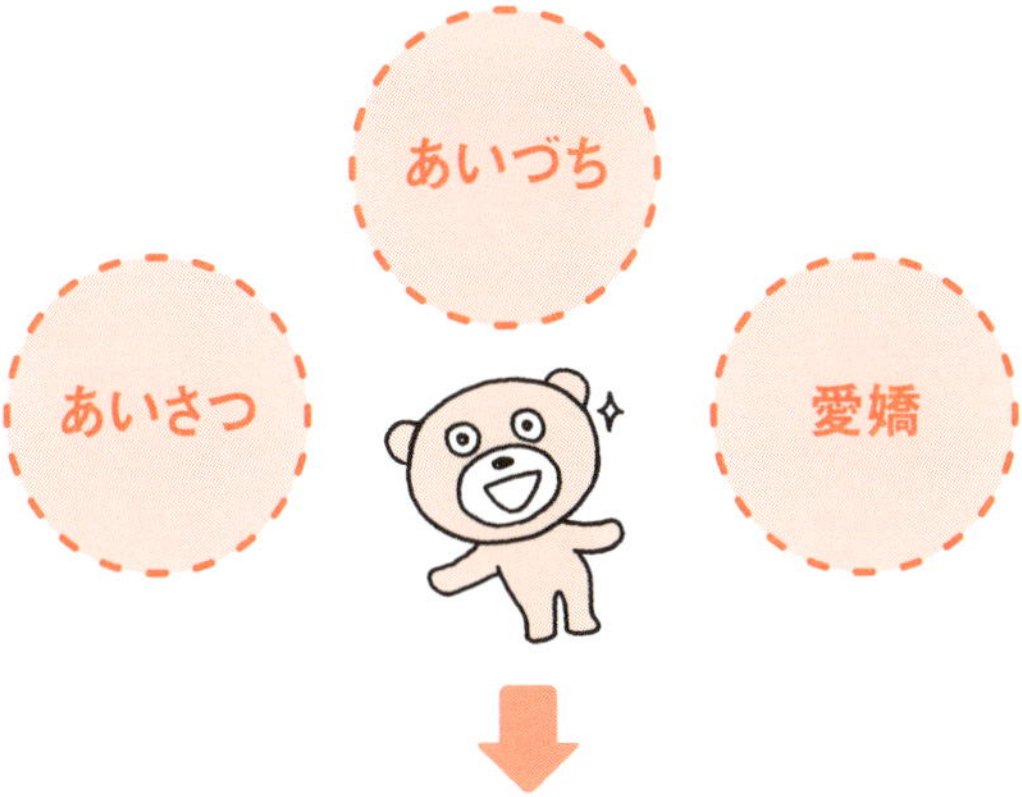

あいづち

あいさつ

愛嬌

「3つのA」で親しまれる存在に!

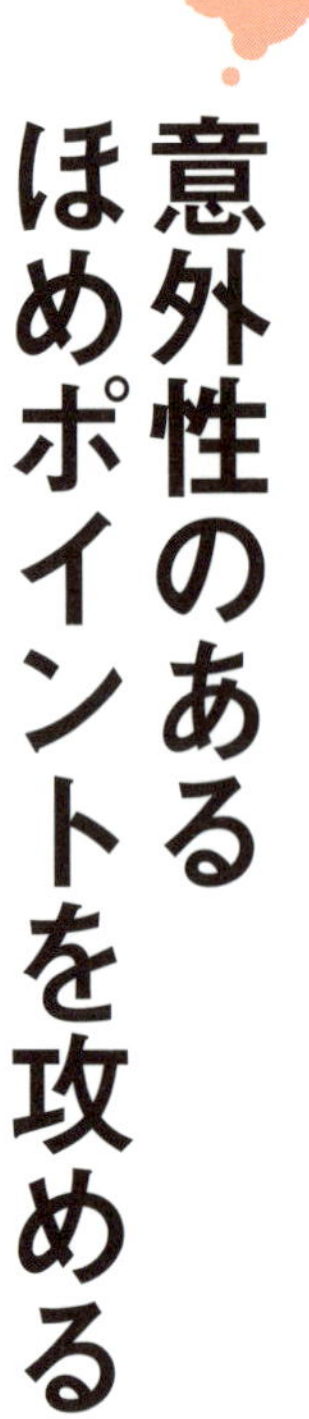

意外性のある ほめポイントを攻める

あなたは人をほめることが得意ですか、それとも苦手ですか。

一般的に日本人は人をほめるのも、人からほめられるのも苦手な人が多いと言われています。謙虚でつつましいことが美徳とされてきた日本では、ほめるという文化は根づかなかったのかもしれません。

近年では、子育てでも部下教育でもほめて伸ばす方法を説いた書籍が多く見られるようになり、かなり浸透してきました。

誰でもほめられるとうれしいものですから、ほめることで取引先や上司などとの関係を豊かにして、仕事にいい流れを呼び込みたいものです。

ただ、ほめるという文化がない日本人、ましてやコミュニケーションが苦手な人にとっては、感情を表に出してほめるのも簡単なことではないと感じるかもしれません。

ですから、ここでは人とは違ったほめ方で、インパクトを残す方法をお伝えしようと思います。どうするのかというと、他の人がほめない意外性のあるほめポイントをほめるということ。

誰でも気づくあたりまえの長所をただほめても、ほめられ慣れている人はその言葉に免疫があるため、うれしいには違いないのですが、あまり響かないことが多いのです。

たとえば、プロの料理人の手際の良さをほめても、ベテラン職人の手さばきをほめても、相手にとっては「いつものこと」です。普段から言われ慣れていることを言われても、気持ちはなかなか動いてはくれません。

ここで**観察力を発揮して、誰もがほめるポイントをほめないで、違う長所を見つけてほめる工夫をしてみましょう。**

「上司が見ていないところでも仕事で手を抜くことがない」

「会議の準備を指示されなくても自分からやっている」

「誰に言われることなく職場の片づけをしている」

など、注意深く見ていると、本人でもなかなか気づいていないようなほめポイントが見つかります。

そういった点をほめると、相手に強烈なインパクトを残すことができます。普段言われないことをさりげなく言われると、「この人は私のことをよく見てくれている」と感じ、親しみや信頼の気持ちが芽生えます。

意外性のあるほめポイントを見つけるには、相手がどういった話をしているときに楽しそうなのか、テンションが上がる瞬間をよく観察することでヒントが見つかります。うれしいときには声のトーンが上がったり、瞳が大きくなったり、身体に出る反応も参考になります。

知人の経営者は、日ごろから相手の意外な魅力を探して、気づいたらメモをしておき、その人が仕事で失敗したときや落ち込んでいるときにほめるようにしているそうです。

そうすることで「社長はいつも自分のことを気にかけてくれている」と思い、失敗からの立ち直りも早くなるそうです。

この経営者と同じように、気づいたことを忘れないためにメモを活用するのもいいでしょう。

ノートを持ち歩く、スマートフォンのメモ機能を使用する、自分宛にメールを送るなど、やりやすいスタイルで大丈夫です。

それと、メモして満足しないように。ちゃんと伝えてあげてください。

相手の意外な魅力をチェック

インパクトあるほめ言葉で、強い印象を残そう!

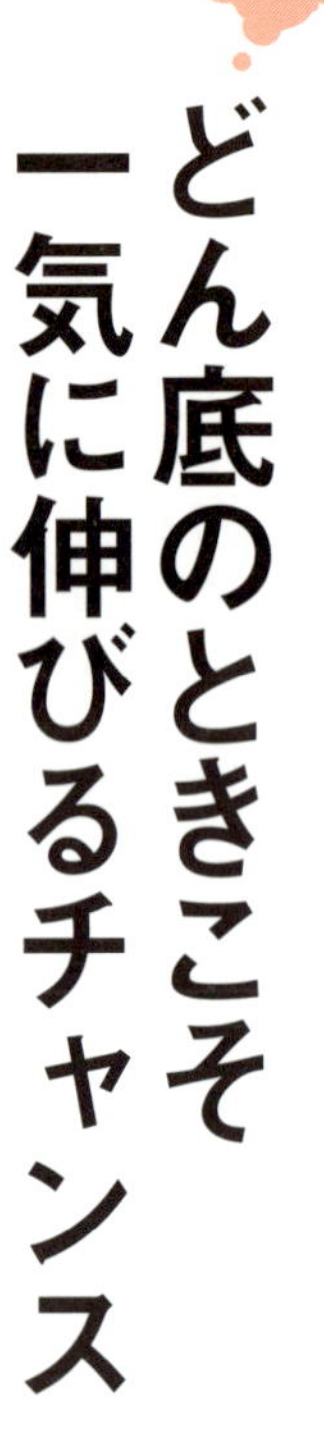

どん底のときこそ一気に伸びるチャンス

どん底・・・できれば味わいたくはないものですよね。

しかし、何をやってもうまくいかないときというのは誰にでもあるものです。優秀な人でもある日を境にうまくいかなくなることがあります。いわゆるスランプというものです。

ですが、もしどん底になっても決してあきらめてはいけません。実は、むしろ**どん底のときこそ一気に伸びるチャンス**なのです。

私がテレビ、ラジオCMや新聞、雑誌広告などを制作するクリエイティブの部署に異動したときの話です。

異動してはじめて主力の目薬ブランドを担当することになりました。そのブランドは目薬市場のなかでも競合とシェア1、2位を争うとても重要なブランドです。ブランドの新たな展開として、20代をターゲットにした新商品が発売されることになり、担当を任されることになりました。

私自身も20代のときで、今だから言えることでもありますが、「自分が20代の気持ちを一番わかっている」と過信している部分も正直ありました。

それは、上司への接し方にも出てしまいます。当時40代の上司に対し、企画の進行状況などの報連相を十分にしていませんでした。

そんなときほどアクシデントは起きるものです。自信満々で臨んだ企画を決定する役員へのプレゼンに失敗。しかも2度も続けて失敗するという大失態をしてしまいました。

失敗した理由は、事前に関連部署との調整が十分ではなかったこと。あらかじめ上司に報告し、進め方の指示を求めれば対処できるレベルの内容です。

当然のようにこの大失態は上司の逆鱗にふれ、なんと1ヶ月で担当を外されてしまったのです。計り知れないショックを受けました。

まさにどん底の状態。私は担当を外されてから、ふと自分のとってきた行動をノートに書き出しました。それをよく観察して振り返ると、周りがまったく見えておらず、ひとりよがりの仕事になっていたことに気づきました。

「これからは大事なことは早めに報告しよう」「(上司などの) キーマンには納得するまで説明しよう」と決めました。

このときに仕事のやり方をガラッと変えたことで、その後、結果がついてくるようになりました。

誰にでも失敗やトラブルはあります。ただ、たいしたことない失敗では人間はなかなか変われません。どん底まで落ちないとわからないのが人間というものです。

ですから、どん底の状況になったら成長するチャンスだと考えましょう。落ち込んでいる暇なんてありません。

どん底は誰もが通る道です。今活躍している経営者やスポーツ選手、会社の上司だってみんな通ってきた道です。大きな企業でもV字回復などと言っていますが、要はどん底に落ちなければわからなかったということです。

差が出るのは、どん底を経験した後です。いかに改善できたかが大きな力ギを握っています。

どん底の状態を変えようとあがけるかどうかが、1年後、2年後、10年後のあなたに大きな力となって返ってくるのです。

なぜ、どん底なのか、よく観察し、振り返る!

ガラッと変えてどん底から一気に浮上しよう!

Check!

観察の法則

- ☑ タイプの違う上司のツボを押さえるとトラブルがなくなる
- ☑ 雑談は「メンタルアドバンテージ法」「ワンヴォーグ法」「アウトビュー法」を効果的に使う
- ☑ しゃべらない会議を実現するには、キーマンを探し、事前調整する
- ☑「あいさつ、あいづち、愛嬌」で好感度が高い人になる
- ☑ 周りが気づかない相手の意外な魅力を見つけて、強い印象を残す
- ☑ 失敗を振り返って、分析することでどん底状態から一気に浮上する

第4章

折れない心をつくる8つの習慣

結果が出ないことを恐れない

みなさんは結果を出すということを、どのように捉えているでしょうか。仕事で与えられた目標や課題に対し、すべての基準を満たしたレベルで応えることでしょうか。しかし、環境変化の激しい現代では、目標を絶えずクリアしつづけることは、とても困難な道のりに思われます。

では、成功している人はどうなのか、私たちはどのレベルを目指すのが適切なのでしょうか。

よく取り上げられる例として野球の打率が上げられます。打者は平均打率である3割を目指し、それが一流打者の条件の1つとされています。3割という数字、あなたはどう感じたでしょうか。

さて、同じスポーツでもサッカーの場合はどうでしょうか。

世界的ストライカーであるアルゼンチン代表のメッシやポルトガル代表のC・ロナウドでさえ、シュート決定率は2割程度です。様々な記録を塗り替えている、あれだけのスター選手たちでも2割程度にとどまります。

では、ビジネスにおいてはどうでしょうか。会社において上司は部下にどれくらい期待しているのか。逆に言うとどれくらいの失敗を許容しているのか。

ある有名企業の社長がインタビューで、

「立場上、失敗を許すとはなかなか言いにくいが、5回に1回くらいは満足するレベルのものを期待する」

と答えていました。また「失敗をフォローするために上司は存在するのだ」と続けておっしゃっていました。

これは有名な話ですが、ホンダ（本田技研工業）の創業者である本田宗一郎氏は、「成功は、99%の失敗に支えられた1%だ」とおっしゃっていました。

さて、いかがでしょうか。

いろいろ見てみたものの、一番成功率が高いのは野球の3割。あとは2割以下と、みんな圧倒的に失敗のほうが多いのです。世間一般には成功していると言われている人たちが、どれだけの失敗を重ねているかがおわかりいただけたと思います。

失敗を恐れてはいけません。恐れるべきは、チャレンジしないことです。

カリスマと呼ばれるスポーツ選手や経営者でさえ、数多くの成功の影には、数多くの失敗があり、その失敗の影には、途方もないチャレンジの数々があるのです。

あなたは、毎日、毎週、毎月どれだけのチャレンジをしていますか?

変化の激しい現代ではビジネスで成功することは、以前より難しくなっていると言ってもいいでしょう。そんな環境下では、評価は次のような基準になってくるでしょう。

成功 > 失敗 >>>>> チャレンジしないこと

成功と失敗は表裏一体です。失敗から学ぶからこそ成功があるので、評価は成功のほうが少し高いくらいです。

ですが、失敗とチャレンジしないこととの間には、埋められないような開きがあります。なぜならチャレンジがなければ成功はもちろん、学ぶことが何もないからです。

チャレンジするからには結果にこだわることは必要ですが、**「5回に1回結果が出ればOK!」**という心構えで、チャレンジを繰り返しましょう。

失敗を恐れるな!

成功 > 失敗 >>>>> チャレンジしないこと

「やめる習慣」で人生が変わる

「やめる習慣」と聞いて、「やめたい」と思っている悪い習慣がすぐに頭に思い浮かぶ人も多いと思います。「このままじゃいけない」と頭ではわかっていても、なかなかやめられない体験は、もう嫌というほどしていることでしょう。

まじめな人に多いですが、悪い習慣をやめたいと強く思えば思うほど、やめられなかったダメな自分に嫌気がさして、自信が持てなくなります。

一度心が折れてしまうと負けグセがついてしまい、立ち直るのには大きなきっかけを必要とします。そうならないためにも、ぜひここで「やめる習慣」を身につけてください。

私は、「先延ばしグセ」と「くよくよグセ」の2つの悪い習慣があって、それらをやめることができたときに「やめる習慣」を身につけることができました。

そのときの経験をお話しします。

私は、クリエイティブ部署に異動後、残業時間が年間700時間を超え、本部内で残業の多い社員ベスト3に入ってしまったのです。

CM制作がメインの仕事でしたから、社外の取引先やスタッフも多く関係するため、自分だけで調整できる時間が限られてはいたのですが、それでも何に時間がかかっているか振り返ってみました。

すると原因が、ものごとを決めきれずに先延ばしする「先延ばしグセ」と、必要以上に悩む「くよくよグセ」にあることが判明しました。

まず、この2つの悪いクセをやめること、減らすことを考えました。

「先延ばしグセ」については、会議や打ち合わせなど、可能な限りその場で決めるようにしました。どうしても決められない案件については、いつまでに決めるか、自分自身に期限を設け、それを必ず守るようにしました。

「くよくよグセ」についても同様です。内向的な性格なのでくよくよ悩むことはある意味しかたがないと割り切り、悩んでくよくよする時間に期限を設けるようにしました。

すると、ムダな時間が大幅にカットされ、700時間の残業を半分以下に抑えることができたのです。恐るべし、先延ばしグセとくよくよグセ。

この経験から、私は悪い習慣をやめるために大事なのは2点だと考えます。

①悪い習慣を断ち切る環境に置く
②別の習慣に置き換える

①悪い習慣を断ち切る環境に置くというのは、私のときであれば、先延ばしとくよくよの期限を設けたことです。ダイエットの例で言えば、甘いものやお菓子の間食をやめられないなら接点をなくす。絶対に買わないようにコンビニにも行かない、行ってもスイーツとお菓子コーナーには近づかないようにするのです。
②別の習慣に置き換えるというのは、私の例で言えば、会議や打ち合わせの場で可能な限り決めるという習慣をつくったこと。ダイエットであれば、いつも間

食をしたくなるタイミングで、お菓子の代わりにガムを噛むとか、水を飲むという別の習慣に置き換えるのです。

そうこうしているうちに悪い習慣がいつのまにか別の習慣として脳に記憶されます。1ヶ月ほど続ければ、ほぼ記憶は新しく塗り替えられるでしょう。

仕事における悪いクセ、またダイエット、ムダ遣い、タバコ、ギャンブルなども、「やめる習慣」を使って別の新しい習慣に変えることで、人生を好転させてみてください。

①悪い習慣を断ち切る環境に置く
②別の習慣に置き換える

「やめる習慣」を使って、良い習慣を身につけよう

自分で変えられることにフォーカスする

「やりたいことができない」
「自分の仕事が評価されない」
「思い通りにならない」
「仕事が楽しくない」

仕事をしていれば、転勤、異動、スランプなど、いろいろなことがあります。そういったとき、冒頭に挙げたようなことを思いながら仕事に向かうこともあるのではないでしょうか。

一度このような思いに支配されてしまうと、仕事におけるいろいろな出来事に対して、マイナスの面しか見えなくなり、負のスパイラルに陥ってしまいます。

こういったとき、どうすれば負のスパイラルに陥らず、前向きに仕事に取り組むことができるようになるでしょうか。

私がおすすめするのは、いつも考えている、感じている視点を一度変えてみること。**自分ではどうにもできないことより、自分で変えられることに視点を移してみる**のです。


たとえば、「意見が通らない」と悩む人もいるでしょう。「なんでわかってくれないんだ」と、イライラしたりすることもあるかもしれません。

これは、「自分は正しくて、相手が間違っている」という前提があるから、正しい自分の言うことをわかってもらえないことに対してイライラしているわけです。

「他人と過去は変えられない。自分と未来は変えられる」という有名な言葉を聞いたことがある人も多いと思います。意見を受け入れてくれない人を自分の思いどおりにしようとしても無理なのです。意見を受け入れなかったのには、その人なりの理由が必ずあります。

ですから、視点を変えて自分で変えられることにフォーカスすると、冷静になって意見が通らない理由を考え、その理由に対する答えを見つけるという、とても建設的、前向きに捉えることができるようになるのです。

先ほど書いた言葉にもありましたが、変えられるものは、「自分と未来」です。そして、自分と未来を変えるためには次の2つを変える必要があります。

・思考
・行動

たとえば、普段使っている言葉遣いを変えてみましょう。

「できそうにない」「不安だ」「おそらく無理だ」「めんどくさい」など、いつも否定的な言葉が頭に浮かんだり、口から出てしまうならば、**肯定的な言葉「なん**

とかなる」「大丈夫」「すぐできそうだ」に置き換えてみるだけで、気持ちがぜんぜん変わります。

経営コンサルタントの大前研一さんは、「人間が変わる方法は3つしかない」と言われています。**1つ目は時間配分を変えること。2つ目は住む場所を変えること。3つ目は付き合う人を変えること**だそうです。

いずれにしても、変化を求めるのであれば思考と行動を変えるということを肝に命じておいてください。

自分と未来は変えられる!

「思考」「行動」を変えよう!

毎朝1分で平常心を取り戻す

ビジネスパーソンに疲労やストレスは付きものですが、どこかでリセットしなければ、蓄積していく一方です。

慢性的に疲れていてはパフォーマンスも下がってしまいます。また、ストレスがどんどん重なると、自律神経系の疾患やうつ病になる場合もあります。

くよくよ悩みがちな内向的な人にとって、メンタルケアを心がけることはとても重要なのです。

ここでは、毎朝1分で万全のメンタル状態を保つための3つの方法をお伝えします。

まず1つ目は**「笑う」**こと。

いきなり笑うことかと驚かれるかもしれませんが、笑いは免疫力を高め、自律神経にも好影響を与えます。

やり方は簡単。まず起きたら伸びをしながら、目を見開いた状態で「ハッハッハッ」と息を吐きながら笑います。バルコニーなどで朝日を浴びながらできたらさらに効果的です。

無理にでも笑うことで、脳に「快」の気持ちが生まれ、ストレス対策だけでなく、寝起きの不快さも和らげてくれます。

次に行うのが**「深呼吸」**です。

「深呼吸」をすることで自律神経を整えることができます。深呼吸というと息を吸うことに意識が向きがちですが、**吸うよりも吐くことを意識するのがコツ**です。次の手順でやってみてください。
①まず、お腹に溜まっている息を吐き切ります。5秒以上吐いてください

②息を吐き切ったら大きく息を吸います
③吐いて吸うを1セットにして、3回繰り返します（3回でなくても自分が気持ちよく感じる回数で大丈夫です）

3つ目は**「気持ちがあがる言葉に触れる」**こと。

触れる言葉は、文章でも1文字の単語でも構いません。

私の場合、過去に読んだ本の要約集を開き、目に入った文章や言葉から元気をもらって、朝から気分を上げています。

その他のおすすめは、偉人たちの名言を定期的にアップしているSNSを見たりするのもいいでしょう。

人によっては、言葉ではないもののほうが元気になる場合があります。目的は**朝から好きなものに触れて、気分を「快」の方向に持っていくこと**ですから、言葉でなくてもぜんぜん構いません。

たとえば、好きなタレントやキャラクター、また好きなデザインに触れることでも結構です。

あわただしい朝の時間ですが、歯を磨く習慣と同じように、**平常心を取り戻し、自分本来のパフォーマンスを発揮できる状態を保ちましょう。**

そうすることで、ストレスや疲れを溜め込むこともなくなります。

いい仕事をするためには、やはり心身ともに万全な状態にしておくことを心がけましょう。

- **笑う**
- **深呼吸**
- **気持ちが上がる言葉に触れる**

毎朝、万全なメンタル状態にリセットしよう!

みんな自分のことで精一杯

質問です。

あなたは何かをするとき、他人の目が気になりますか、気になりませんか。

本当はこうしたいけど、他人の目を気にするあまり、なかなかその通りに行動に踏み出せないという経験はありませんか。

他人の視線が気になる理由は何でしょうか。

「できる人と思われたい」

「カッコよく見られたい」

「誠実と思われたい」

というようなポジティブなイメージを持ってもらいたいという面もあるかもしれません。しかし、どちらかといえば、

「失敗して恥をかきたくない」

「できない人と思われたくない」

「嫌われたくない」

というようなネガティブなイメージを持たれることへの拒否感から他人の視線を強く意識する場合のほうが多いでしょう。

日本には、古来から「恥」という文化があります。ですから、世間の目が気になるというのは、やはりネガティブなイメージのほうが強いと言えます。

でも、よく考えてみてください。あなたは、他人と自分、どちらのことが気になりますか？ 割合的にはほとんどが自分のことだと思います。

他人の視線、他人の目とは本当に存在するのでしょうか。

たとえば、あなたが何かに失敗したときを考えてみましょう。

もちろん一時的に批判を受けることはあるでしょう。ですが、実際には周りの人は、あなたの失敗をいつまでも批判することはありません。

それは、**人は誰でもまず自分のことを第一に考えているからです。自分の人生**

を生きるのに必死だからです。他人の成功や失敗までいつまでも気にして生きている暇はないのです。

例として卒業アルバムや結婚式の集合写真などを見るとき、あなたが真っ先にする行動はなんでしょうか。

自分より他の人の顔を先に探しますか。違うと思います。無意識にかもしれませんが、まず自分がどこに写っているか見つけようとするでしょう。いい表情で撮れているか、笑っているのか、目を閉じていないかなど、自分の写り具合を確認してから他の人を見ているはずです。

誰もが自分のことが最優先です。あなたが考えているよりも他人への関心はそもそも強くないのです。忙しく慌ただしい日々の中で、あなたの失敗にいつまでもお付き合いしている時間はありません。

ですから、他人の視線というのは、あなた自身の中だけで意識している問題なのです。

アドラー心理学でも、自分の選択した行動について、**他者の下す評価は他者の**

課題であって自分の課題ではないと言っています。

他人からの批判があったとしても、それに対して反応したり、傷つくかどうかは自分次第なのです。

他人の視線とは、本当にあなたの周りにいる人の視線ではなく、他人を意識しすぎるあまり、自分でつくり出してしまった視線なのです。

自分のやりたいようにやっても、やり過ぎということはありません。勝負どころでは思い切って自分の力を発揮してみてください。

**他人の視線を
つくり出しているのは、
あなた自身**

**周りを気にせず、
自分のやりたいようにやってみよう**

自分が持っている本来の力を発揮するために必要なことは何でしょうか？
「平常心」や「自信」など、いくつかの能力が必要だと思いますが、その1つに「ブレない力」があると考えています。

日本サッカー界のレジェンド、カズこと三浦知良選手のことはご存知だと思います。彼は15歳で単身ブラジルに渡り、激しい競争を勝ち抜き、サッカーの本場ブラジルでプロサッカー選手となります。

その後は、Jリーグ、日本代表、イタリアやクロアチアなど海外のリーグでもプレーし、日本のサッカー界を牽引してきました。

そして驚くべきことは、30代後半で現役であることすら珍しいサッカー界で、

47歳になった今も現役で活躍しているのです。

なぜ、彼は長年、日本国民から愛され、尊敬されているのか。

それは過去の実績もあると思いますが、それ以上に、どんな困難に直面しても決してあきらめることなく、自分のやりたいことにひた向きなあの姿に多くの人が共感し、応援したいと思うからではないでしょうか。

1998年フランスワールドカップのとき、日本代表の最終候補に残りながらも、現地での合宿中にメンバーから外されました。子どものころからの憧れ、夢の舞台ワールドカップを目前にしながらです。

心も折れかけたかもしれません。年齢的にも若いとは言えない状況で普通なら引退を考えても誰も疑問にも思わなかったでしょう。

しかし、彼は現役を続行しました。再び日本代表でワールドカップに出場するために。

彼を強く支えているもの、それはサッカーを心の底から愛していること。究極的にはサッカーさえできるのであれば、地球のどこへでも行くという覚悟。現役でサッカーをやることを何よりも大切にしていること。

要するに、**自分にとって何が重要か、何が好きなことなのかが明確なのです。**

一方で、今の世の中、自分が置かれているポジションや環境に不安や不満を抱えている人も多いのではないでしょうか。

「このまま今の仕事を続けていていいのだろうか」

「自分の居場所が感じられない」

「この部署は自分のキャリアにどう関係してくるのか」

三浦知良選手が今在籍しているのはJ2（Jリーグ2部）のチームです。そこでもレギュラー争いが厳しく、ケガの影響もあり出場はわずか数試合です。

でも彼は、20歳以上も年の離れた選手に混ざってトレーニングをこなします。現役でサッカーができる環境に感謝し、楽しんでいるのです。

広告業界にも似たようなことがあって、みんなが大企業を担当したがります。

予算が潤沢なCMや派手な仕掛けができるキャンペーンを担当したいのです。でも、実際は大企業よりも地方の企業のほうが自由度があり、自分のやりたいことを実現できることが多かったりするのですが、みんな大企業を担当したがるのです。

あなたが一番大切にしたいことは何ですか。ゆずれないものは何ですか。

あなたのまわりの環境をもう一度じっくりみてください。

本来の力を発揮し活躍できる仕事、心身共に充実できる場所が必ずあるはずです。

- 決してあきらめないひた向きさ
- 自分にとって何が重要かが明確
- 感謝の気持ちを持つ

本来の力が発揮できる
ブレない心を鍛えよう!

一瞬で気持ちを切り替えるマイスイッチ

上司や取引先からきつく怒られたり、注意されたりすると、イヤな気分をズルズルと引きずってしまうことはありませんか。

会社帰りに同僚と飲んだりなどして、その日中に受けたストレスを発散できればいいですが、みんながみんな、飲んだだけで簡単にストレス発散できるものでもありません。

誰かに相談すると、「悩まないように」と言われることも多いでしょう。自分でも悩むのはよくないとわかっているのですが、なかなか忘れることはできません。余計に意識して、かえって悩み続けてしまうこともあります。

悩みをスッキリ忘れ去るのが難しくても、一時的に忘れて気持ちを切り替えることができたらどうでしょうか。

私は、気持ちを切り替えるために、2つのマイスイッチを設定していました。

1つ目は、会社を出た後、最寄り駅の改札でタッチするICカード（首都圏中心の「スイカ」「パスモ」、京阪神エリアの「イコカ」、中京エリアの「トイカ」など）の「ピッ」という音がマイスイッチです。

音とともにフッーと大きく息を吐いて、仕事の悩みやストレスを忘れるようにしていました。

マイスイッチは何でも構いません。ただし、イヤなことがあったらすぐにできることや、毎日習慣として行っていること、そして仕事とプライベートを切り替えたいのであれば、会社を出るタイミングと時間的に近いものがいいでしょう。

2つ目のマイスイッチは、**悩みを「クラウド化」**してしまうこと。

「クラウド」とはクラウドコンピューティングを略したもので、「雲（cloud）」を意味します。自分のパソコンやスマホを介してデータをインターネット上に保存するサービスのことなのですが、その保存先であるインターネットを空に浮かぶ雲に例えているため、クラウドと呼ばれています。

さて、話を2つ目のマイスイッチに戻します。

悩みをクラウド化するとは、何か悩みごとが出てきたら、まず頭の中で考えていることを書き出します。書き出すツールは、パソコンやスマートフォン、ノート、手帳など何でも構いません。この書き出すという行為をスイッチとして、書き出された悩みは空に浮かぶ雲になるとイメージします。

ポイントは、イメージすることで**一時的に悩みを忘れるようにすること。**悩み続けても解決するとは限りません。とくに内向的な性格に多いまじめな人は、仕事での悩みはプライベートにまで持ち込まないのが一番です。

間違っても夜、布団に入ってから悩みを思い出すようなことは絶対避けてください。十分な睡眠が確保できず、翌日の仕事にも悪影響を及ぼしかねません。

とはいえ、悩みを悩みのまま放置しては根本的な解決にはなりません。ですから、**悩みは「課題」に置き換えます。**

課題に置き換えることで、具体的に何をすれば解決に向かうのか、行動目標に落とし込むことができます。あとは行動目標をスケジュールに盛り込むだけです。こうしておけば、いつまでも悩むこともなく、あとはとにかく行動するのみという状態になります。

気持ちの切り替えと、悩みをクラウド化して課題に変えて、毎日新たな気持ちで生活を送ってください。

マイスイッチを設定しよう

気持ちを一瞬で切り替えて、打たれ強くなる!

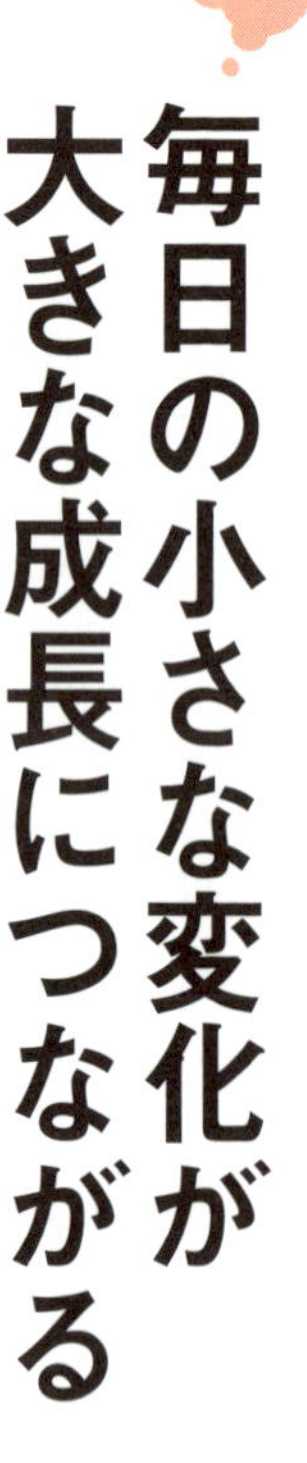

毎日の小さな変化が大きな成長につながる

周囲を見渡すと、日々膨大な業務量を抱えているため時間に追われ、疲れてしまっている人が多いように感じます。

ビジネスパーソンの意識調査などでも、一人当たりの仕事量が以前に比べて増えていると答える人の割合は高くなっています。ＩＴ技術の進展によって作業の処理スピードが上がっていること、企業が以前に比べて余剰な人員を雇う余裕がなくなっていることなどが原因で業務量が増えているのです。

このような状況では、個々の意識の違いが大切になります。

環境変化の激しい現代では、何もしないでいると現状維持すら難しいと言われています。忙しい毎日の中でも時間をしっかり確保し、良い習慣で自分の成長を考えて行動する人、忙しさを理由に何もしない人。こういった日々の過ごし方の違いが積み重なると、歴然とした差が出てくるものなのです。

たとえば、毎日1%成長する場合と、逆に何もしないため現状維持すらままならず毎日1%後退すると想定する場合、どれだけの差が生まれるのでしょうか。

【毎日1%成長する場合】
1・01の365乗＝37・8
【何もせず毎日1%後退する場合】
0・99の365乗＝0・03

1日だけで見ると1・01と0・99はわずかな違いしかありません。

ですが、1年365日を乗算させた結果を比べると、なんと約1200倍もの差になってしまうのです。

良い習慣を続ける人は、毎日のわずかな差によって得た経験によって小さな自信を積み重ねていきます。「毎日1％の成長するのは大変じゃないの？」と思われる人もいるでしょう。しかし、毎日の生活を振り返ると実は成長のための時間や余地は誰にでもあるものです。

・「エクセル、パワーポイントのスキルを毎日1つ習得する」
・「始業時間からスタートダッシュするため10分早く起きる」
・「お腹を凹ますために、毎朝、腹筋を30回やる」

仕事でもプライベートでも成長するためにやることは意外にたくさん見つかるものです。

同じことを続けてある分野のスペシャリストを目指すのも、毎日違うことでオールマイティーな成長を目指すのも、どちらでも構いません。大切なことは継続することですから、みなさんが自分に合った方法で実行してください。

最初の1、2ヶ月は成長を実感できず、「多忙な中、毎日時間を割いてまで努力してもムダなのでは」と、割に合わないと思うかもしれません。

しかし、**良い習慣の積み重ねは、あなたを裏切りません。**時間が経つごとに大きな差を生み出します。あきらめず、愚直な積み重ねが大切なのです。

とくにしゃべるのが苦手な内向型の人の多くは、コツコツと継続することが得意と言われています。目立つ成果や一発逆転ばかりを狙うよりも、**毎日小さな努力を積み重ね、結果として大きく成長するスタイルが性に合っています。**

1年後の成長につながりそうな、あなたが今日からできることは何ですか。

少しの成長を
コツコツと積み重ねる!

大きな成長につながる!

Check!

折れない心をつくる
8つの習慣

- ☑「5回に1回結果がでればOK!」という気持ちでどんどんチャレンジする
- ☑やめられない悪い習慣は「やめる習慣」で良い習慣に置き換える
- ☑どんな苦境に立たされても、自分で変えられる「思考」と「行動」を変えれば、未来は変わる
- ☑「笑う」「深呼吸」「気持ちが上がる言葉」で万全なメンタル状態を保つ
- ☑自分にとって何が重要かを明確にして、ブレない力を手に入れる
- ☑一気に成長する必要はない。毎日コツコツと少しずつ成長を重ねる

あとがき

本書を最後までお読みいただき、ありがとうございました。

成果主義が蔓延し、高度ストレス社会と化している現在。内向型の人は競争に疲労困憊し、人間関係やコミュニケーションに疲れ果てています。外向型の上司や同僚に困惑している人もいるでしょう。うまくいっていないことのほうが多いと感じているかもしれません。

しかし**行動や考え方、視点を変えることであなたの人生が変わりはじめます。**無理に性格を変えてまで外向型を目指す必要はまったくありません。**あなたの良さを最大限に活かして生きていけば恐れることはないのです。**

あなたが短所と捉えていたことは長所に、マイナスはプラスに変わります。どんな状況でも、以前と比べて無理なく自然体で生きられるようになるのです。

毎日誠実にがんばっているあなたに、本来持っている特性を活かしながら結果につなげられるようになるための応援をしたい、メッセージを送りたいと思い、この本ができあがりました。

本書を書くにあたって、クロスメディア・パブリッシングの根本編集長には懇切丁寧なアドバイスを頂戴しました。心から感謝申し上げます。

そして関係者の皆様、友人、家族、私を支えてくださるすべての方に感謝いたします。いつも元気づけられ、前に進む勇気をもらえるすばらしい仲間です。ありがとうございます。

この本は私一人の見解や考えだけでなく、人生のあらゆる場面でお会いした皆様から教えていただいた、人生のあり方やエッセンスを取り入れたつもりです。

本書を読んでいただいた皆様が、本当の自分らしさや魅力に気づき、楽しく、充実した生活を築くためのお役に立てることを心から願っています。

あなたなら、きっと最高の人生を実現できます。そう信じています。

石田 健一

【著者略歴】

石田健一（いしだ・けんいち）

1993年早稲田大学卒業。大手消費財メーカーに入社。営業で化粧品部門の店舗別売上全国1位を獲得。広告セクションに異動後、シャンプー、ハンドソープ、洗濯用洗剤など主力ブランドのＴＶ・雑誌・ラジオＣＭ制作、コピーライティング、ネーミング開発を担当。総務大臣賞／ＡＣＣグランプリ、広告電通賞、フジサンケイグループ広告大賞最優秀賞（すべてラジオ部門）を始め、数多くの受賞作品をプロデュースする。その後ＴＶ、雑誌、Ｗｅｂ、ＰＲなどのメディアプランニング業務を担当。デオドラント剤の新ＣＭ発表会で、ＴＶの情報番組を始め２００を超えるメディアに取り上げられ話題となる。2014年に独立し、広告宣伝・PRのアドバイザーを行う傍ら、パーソナルコーチとして活動中。

しゃべらない仕事術

2015年2月1日　初版発行
2015年4月21日　第4刷発行

発行　株式会社クロスメディア・パブリッシング
発行者　小早川 幸一郎
〒151-0051　東京都渋谷区千駄ヶ谷4-20-3 東栄神宮外苑ビル
http://www.cm-publishing.co.jp

発売　株式会社インプレス
〒101-0051　東京都千代田区神田神保町一丁目105番地
TEL (03)6837-4635（出版営業統括部）

■本の内容に関するお問い合わせ先 ………… クロスメディア・パブリッシング
TEL (03)5413-3140 ／ FAX (03)5413-3141

■乱丁本・落丁本のお取り替えに関するお問い合わせ先 ………… インプレス　カスタマーセンター
TEL (03)6837-5016 ／ FAX (03)6837-5023 ／ info@impress.co.jp

乱丁本・落丁本はお手数ですがインプレスカスタマーセンターまでお送りください。送料弊社負担にてお取り替えさせていただきます。但し、古書店で購入されたものについてはお取り替えできません。

■書店／販売店のご注文受付 ………… インプレス　受注センター
TEL (048)449-8040 ／ FAX (048)449-8041

カバー・本文デザイン　上坊菜々子
本文イラスト　坂木浩子（ぽるか）
印刷・製本　中央精版印刷株式会社
ISBN 978-4-8443-7393-3 C2034